ONLINE
EDUCATION

玩转互联网教育

平台搭建+课程制作+运营推广+行业案例

吕森林◎著

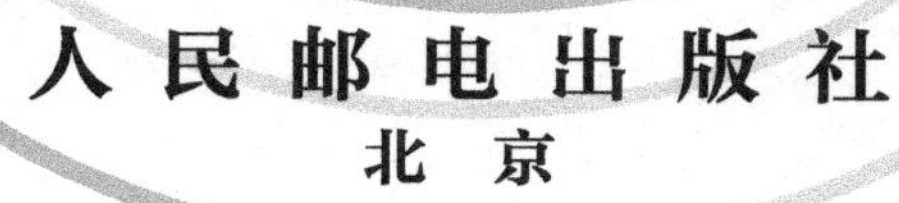
人民邮电出版社
北京

图书在版编目（CIP）数据

玩转互联网教育 ：平台搭建+课程制作+运营推广+行业案例 / 吕森林著. -- 北京 ：人民邮电出版社，2016.12（2018.9 重印）
ISBN 978-7-115-43809-6

Ⅰ. ①玩… Ⅱ. ①吕… Ⅲ. ①网络教育－教育研究 Ⅳ. ①G434

中国版本图书馆CIP数据核字(2016)第274513号

内 容 提 要

本书细致地讲述了互联网教育的基本常识和产业发展概况；深入浅出地传授了互联网教育产品的开发理念、开发过程和开发技巧；概括了互联网教育产品的运营推广方法和技巧；最后结合实际案例分析了互联网教育企业的成长历程。

从理念到技术，从技术到运营，从运营到案例，这是一本互联网教育行业的入门级教材。我们希望通过朴实而又精练的语言让更多的从业者能够了解并掌握互联网教育的相关知识。

◆ 著　　　　吕森林
责任编辑　恭竟平
责任印制　周昇亮

◆ 人民邮电出版社出版发行　　北京市丰台区成寿寺路 11 号
邮编　100164　　电子邮件　315@ptpress.com.cn
网址　http://www.ptpress.com.cn
北京虎彩文化传播有限公司印刷

◆ 开本：700×1000　1/16
印张：12.5　　　　2016 年 12 月第 1 版
字数：244 千字　　　　2018 年 9 月北京第 4 次印刷

定价：49.80 元

读者服务热线：(010)81055296　印装质量热线：(010)81055316
反盗版热线：(010)81055315
广告经营许可证：京东工商广登字 20170147 号

前言

2011 年到 2012 年，美国 MOOC（大规模开放式在线课程，常称为慕课）平台的融资消息迅速影响到了中国的投资人，国内迅速涌起一股在线教育热潮。无论传统的教育培训机构还是新兴的互联网企业都开始积极布局在线教育。

早期，中国的在线教育浪潮也是由网易公开课、MOOC 学院、学堂在线等多个慕课平台的快速兴起而开始，后来业内开始积极探索营利性的在线教育产业。2013 年开始，在线外教、在线题库、拍照搜题、在线答疑等在线教育产品迅速崛起，而且在资本的推动下，在几个细分领域形成了几家独大的格局。然而，虽然在线题库、拍照搜题等产品切中了学生刚需，且以不断烧钱的方式获取了海量的用户，但如何赢利却一直是一个难题。哪怕是现在的拍照搜题和在线题库产品逐渐演变成在线答疑、在线辅导的付费模式，但仍面临着中小学阶段学生付费难的问题。

2014 年到 2015 年，在线教育及互联网的浪潮更加汹涌澎湃，互联网的 O2O 热也迅速影响到了教育，许多找家教平台怀着颠覆所有线下培训机构的雄心壮志迅速崛起，如今传统培训机构没有被颠覆，许多家教 O2O 平台却面临着倒闭或者转型。教育 O2O 是否为可行的互联网教育模式仍需更多的时日来证明。

在另一方面，随着互联网逐渐融入我们的生活，教育行业也被认为是要被互联网颠覆和革新的领域，传统的线下教育培训机构正面临转型期。许多培训机构开始积极探索线上的教学模式，如在线直播课、在线录播课、扫码看视频课等。但由于没有互联网基因，这些机构面临着网络流量低、在线产品体验差、优秀互联网人才难招等诸多难题。目前来看，成功转型互联网的传统培训机构，可以说乏善可陈。

在互联网浪潮下，不仅是互联网企业和教育培训机构积极布局互联网教育，很多做传统实业的企业也开始以投资并购的方式加入互联网教育大军。从 2014 年年底开始，行业内不断有制造业、建筑业、服装业等传统企业收购互联网教育企业的并购案传来。2015 年下半年以来，行业泡沫开始破裂，互联网教育资本寒冬到来，投资人开始变得谨慎。一方面，没有好的营利模式的教育项目难以融资，继而面临资金短缺甚至走向倒闭的境况。另一方面，投资机构也难以找到好的投资标的，即使找到好的项目，价格也高且争抢者多。总的来看，互联网教育行业逐渐由膨胀萌发开始走向平静成熟，企业数量开始减少，行业并购潮初现端倪。

回顾过去几年中国互联网教育领域的潮起潮落，行业始终面临诸多的困境，例如产品营利模式难找，在线培训招生困难，家长付费困难等。总结来说是，懂互联网的不懂教育，懂教育的不懂互联网。本书围绕互联网教育理念、项目投资选择、产品开发关键、产品推广方案、典型企业成功案例等多个层面，力图为你拨云见日从而熟知行业特性，解开行业迷惑，从而轻松玩转互联网教育。

本书首先对互联网教育的基本概念和特点做出了全面概述，并对其构成的四大因素（教师、学习者、内容、平台）进行了深入分析，使读者对互联网教育行业有一个深入的认识。

其次，对商业模式和投资趋势进行了剖析，使读者可以对行业发展大势有宏观上的了解。然后，本书从产品和内容开发的角度，对在线教学、课程制作、教育服务、平台搭建中的关键要素进行了分析，希望可以帮助企业的产品开发团队避开很多误区，从而少走弯路。

最后，作者从互联网的角度总结了常用的在线教育产品推广策略，同时讲述了几个典型互联网教育企业的成长路径，希望更多优秀的互联网教育企业能够在行业大军中砥砺前行，守得云开见月明。

由于个人视角不同，以及作者水平有限，书中难免有引起争论的观点和知识缺漏之处，欢迎读者不吝指正。

吕森林

2016 年 8 月 3 日

目录 Contents

第一部分　基础入门

第 12 章 如何制作一个受欢迎的课程

第 13 章 手把手教你做慕课

第四部分 运营推广

第14章 好产品得让大家知道

第15章 产品运营比产品开发还重要

第五部分　行业案例

第 16 章　产品推广十五式

第 17 章　开源网校平台 EduSoho 的成长之路

第一部分　基础入门

知其然更要知其所以然

第 1 章

初识互联网教育

对于要踏入互联网教育领域的人来说，第一件事当然就是要弄清楚它的定义及构成，将它与非互联网教育区分开来，这是基本功。若缺了这一步，后面的更无从谈起了。互联网教育，从这里说起。

1.1 互联网教育的定义与基本构成

1.1.1 互联网教育的定义

什么是互联网教育？我们定义为，“互联网教育”（有时也称为“在线教育”，英文为 Online Education）是一种运用网络、多媒体和多种交互手段进行系统教学和互动的新型教育方式。

1.1.2 互联网教育的基本构成

互联网教育的基本构成要素包括：教师、教育平台、教学资源、学习者等（见图 1-1）。

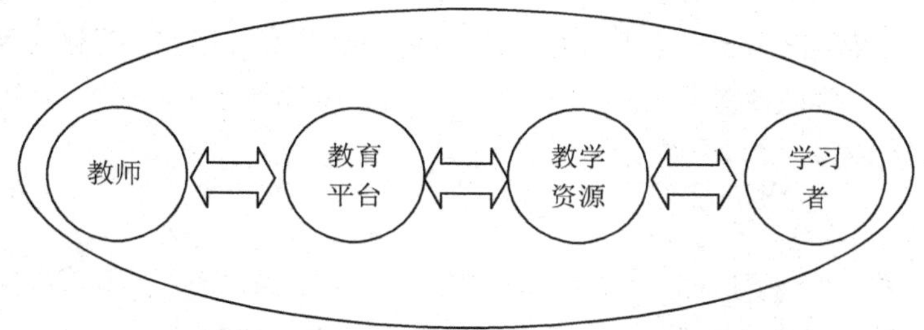

▲ 图 1-1 互联网教育的基本构成要素

1.2 互联网教育的优势和劣势

1.2.1 互联网教育的优势

现在谈到网络教育的优势，被广泛引用的是“5Any”的说法，即互联网教育可以使任何学习者（Anyone）通过计算机网络，都能够在任何时间（Anytime）、任何地点（Anywhere）学习任何课程（Any Course）的任何章节（Any Chapter）。用最简短的表达就是：随时、随地、随意。这很容易得到普遍认同，也是它的优势所在。

对于习惯于面授培训的人来说，线上进行的在线教育总是虚无缥缈，无论如何也不如线下培训来得实在。如果还不明白在线教育的优势在哪里，可以从以下几点了解。

1. 便利优势

移动通信技术、大数据技术的发展，使得“随时可得”成为标准的互联网应用模式，如网络购物、打车、送餐等，都是如此。

这种模式应用到教育上，就是如果你有问题随时会有人解答，哪怕是半夜三更。有不懂的知识，用移动终端就可以找到对应的老师讲解，这就是互联网尤其是移动互联网带来的便利优势。而传统面授教学则无法做到这一点。因此，在便利性上，在线教育远胜于传统面授教学。

2. 价格优势

在线教学每个教室可以容纳数百人甚至千人、数十万人，使得名师资源得到充分放大，同时学生的人均支出变得很低。线上一对一的价格可以比线下一对一便宜一半以上。在同样的效果下，用户为什么不选择更便宜的？线下零售哀鸿遍野，就是因为淘宝、京东去中介化，大大拉低了商品价格。

3. 效率优势

传统面授环境下，学生和教师需要到指定地点上课，上两个小时的辅导课，学生和老师需要至少额外付出一个小时的课时。而在线上则免去了来回通勤之苦，在效率上更胜一筹。在线教育将会成为跟自来水一样的即开即用的日常服务，从而实现对传统教育培训的颠覆。

4. 效果优势

教学效果，是线下机构 PK 在线教育的最后一棵救命稻草。然而现在的电子白板和网络语音通信技术的发展，使得授课老师的声音和板书都能实时传输到学生的移动终端，学习效果已不是问题。

目前线下机构唯一的优势在于：学生和家长能否接受在线教育这种新型形式？这也是在线教育出现十多年来面临的最大问题。说得天花乱坠，可是家长就是不接受。这个问题，只能通过大量投入，培育用户认知度和认可度才能实现。笔者判断，再经过 3~5 年的市场培育，等 80 后家长成为家长的主力军的时候，对在线教育的接受度就不是问题了。

1.2.2 互联网教育的劣势

互联网教育也有自身的缺陷。

1. 缺乏互动

由于互联网教育的学生是自己在计算机和移动设备前独自进行学习，和线下的面授学习形式相比，缺乏教师和学生的直接沟通和反馈，而这在教学中是至关重要的。缺乏直接的沟通和反馈，老师并不知道学生的问题是什么，自己讲的内容是不是对听课的学生有效，也无法有针对性地进行调整。

2. 缺乏学习氛围

同时，线上学习也缺乏学习的环境和氛围，以及缺乏教师的督导等外在的约束力量，这些也是有效教育的重要因素。

互联网教育天生的缺陷，会造成学习者在线上学习体验中很容易产生枯燥、孤独感，导致学习行为难以持续。这也就意味着线上的学习，对教师、课程和学习者的要求，要远远高于面授。因此，互联网教育需要高质量的课程资源和服务来保障。

1.3 互联网教育对传统教育培训的颠覆式创新

谈到互联网教育对传统教育培训的颠覆，绝大多数人会认为："现在担心互联网冲击线下培训完全是杞人忧天！"然而真的是这样吗?

让笔者心惊的并不是拍照搜题，而是某些在线教育"小霸王"的凶猛攻势。2015年9月起，笔者在北京地铁、楼梯已经到处可以看到学霸君"生活找妈，学习找霸"的生猛广告，学霸君开始高调进军在线答疑市场。同时还有三好网、阿凡题、学习宝、作业帮、爱辅导等在线教育企业，都提供在线一对一答疑服务。保守估计，提供类似业务的有上百家企业。

线下教育培训机构的朋友会想，他们做的是在线答疑，我做的是一对一辅导和面对面授课，于我又有何干？如果还没有看明白的话，说明还没有达到"一叶知秋"的境界：难道学霸君们会只安心做在线答疑吗？在通过拍照搜题培养了千万级用户之后，开展收费的在线答疑服务乃顺水推舟之举。

然而这些在线教育企业，绝对不会停留在一题收入只有5~10元的答疑费上。"学霸君们"对面授培训行业真正的颠覆点在哪里？答案是——在线一对一辅导和在线班！而一对一辅导，课单价在面授是每小时200~500元，市场容量是千亿级的市场！

这才是这些在线教育企业真实的目标市场！如果有一天，学生和学生家长用手机或平板电脑轻轻一点，线上教师就应声而来，想选什么老师就选什么老师，效果不好立马换，而且价格至少便宜一大半，那么谁还会大老远地跑到线下培训班去听课呢?

互联网跨界运营已经不是什么新鲜事儿，互联网打破了行业之间的界限。360用免费模式革了杀毒软件的命，打车软件才两三年已经改变了人们的出行方式，阿里巴巴已经做了银行的事儿，让银行行长们寝食难安……谁又能说，教育培训行业不会再现类似"滴滴打车"的模式？由此来看，在线教育颠覆线下培训机构，不仅靠谱，而且非常靠谱！

线下培训机构的高管和校长们如果看到这里，也许会嗤之以鼻——线下机构的用户习惯已经养成，家长不相信在线教育，只接受线下培训，在线教育难以撼动线下培训的地位！这个观点，在现在可能有道理，但是过3~5年就会不一样了，为什么？因为现在的 80 后家长是第一批互联网的原生住民，他们已经习惯于互联网，当再过几年这些 80 后进入 40 岁的时候，正是他们的孩子大量进入初中的时候，他们接受在线教育已完全不是问题！

也就是说，再过 3~5 年中小学在线教育会进入爆发期！然而等那时，已经是这些在线教育企业的天下，线下培训机构进入在线教育的通路已经关闭，就像十多年前有人看不到电子商务对传统商业的冲击一样，这些线下培训机构要么消亡，要么被迫沦为在线教育的附庸！

第 2 章

互联网教育的重要组成部分

互联网教育是一个具有完整结构、成体系的信息传播系统，具有很多构成因素，其中最重要的因素有四个：学习者、教师、教育平台、教学资源。学习者是教育的接受者；教师是教育的发起者；内容（教学资源）是教育的核心；平台是内容的载体，也是教师与学生学习的窗口。在线学习的学生会呈现怎样的心理？老师又该如何适应在线环境并更高效地进行教学？什么样的平台才适合在线教育？如何制作出高质量的教学内容？在本章，作者带着这些问题，与你一起探讨互联网教育的重要组成部分。

2.1 互联网教育的受众——学习者

学习者个体是一个具有复杂内在心理和外显行为的活生生的人，而互联网教育中最容易被忽视的，也是互联网教育最终的受众——学习者的因素，因此建议应该特别关注在线学习中的“人的因素”。

与互联网教育相关度较高的学习者因素主要包括：年龄、性别、原有知识与技能、自主学习能力、学习动因、职业取向等。

2.1.1 年龄差异因素

年龄因素无疑对互联网教育行为有巨大的影响，这是因为当前在线学习主要是基于单独个体的学习行为，年龄差异意味着不同的心理成熟度，他们对抗外在干扰刺激的能力是不同的。一般而言，学前儿童、小学生的网络学习自制力是非常差的，而中学生的自制力则高出不少，但是大学生与在职人员的在线学习坚持性要好得多。

因此，教育产品必须符合受众群体的年龄引起的心理差异。比如针对儿童类的产品，其界面的颜色、操作方式、语言的提示上，均应符合低龄人群的特点，如色彩鲜艳、卡通化、操作按钮较大、带有提示音、动画等能够吸引儿童注意力和兴趣的设计。年龄较大点的青少年群体则逐步呈现与其对应的喜欢叛逆、追求个性的偏好特点。而成年人则更关注内容呈现的合理性和高效率，界面的审美观符合成年人的朴素大方的要求，他们不轻易为华而不实的设计所蒙蔽。如图 2-1 所示。

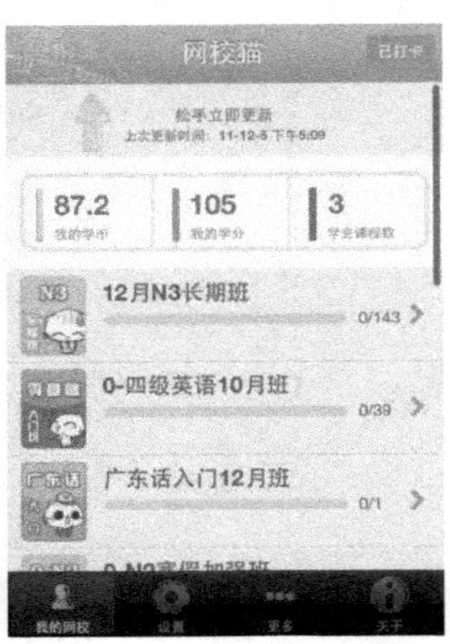

▲ 图 2-1 儿童与大学生群体 App 界面风格差异

2.1.2 性别差异因素

中国人民大学附属中学刘闰玫老师，对高中生文理科学习现状、分科意向等方面进行了调查分析。方法是对即将文理分科的高一年级学生进行问卷调查。结果表明，男女生用于文科学习的时间均明显少于理科，所获得的成绩和学习所花费的时间均有相关性，而且成绩与分科选择具有密切联系，无明显性别差异。分科选择受家长影响不大，学习兴趣是影响男女生选择的主导因素，其次为受大学专业选择的影响和就业范围与收入的影响。结论是：高中生文理分科的选择与性别关系不大，而与文理科成绩密切相关。

因此，性别对在线学习的影响，主要是兴趣偏好和专业选择使然。不过在实践中也的确发现在认知方式上，男女存在非常大的差异。已有的关于性别差异的研究发现：女孩的言语能力优于男孩，即女孩在阅读、词汇、拼写、语法和口语表达方面测验的平均得分比男孩的平均得分略高；男孩在空间视觉能力、数学能力测验上的平均得分略优于女孩平均得分。

但是在网络学习方面，男女并没有显现出巨大的性别差异，而且在线学习的平台、课程设计上，也很难体现出性别差异，因此性别因素可列为影响互联网教育学习行为的次要原因。

2.1.3 原有知识与技能因素

学习者原有知识与技能的情况，是影响学习者是否能够继续坚持学习，尤其是在网络环境下能够坚持学习的一项重要指标。如果原有知识与技能过低，会导致严重的挫折感，因此学习者会选择放弃网络学习，故学习者原有知识和技能不宜过低，否则会导致学习无法进行（见图 2-2）。

▲ 图 2-2 基础知识薄弱导致学习障碍

此论断对互联网教育的重要参考价值在于，纯粹的互联网教育不能面向基础知识和技能存在严重缺陷而个体学习坚持性不强的学习者。有严重的学习障碍的学习者，应该采取线上和线下结合的模式，或者采用有效的网络在线一对一辅导教学模式。

2.1.4 自主学习能力因素

即使是同一年龄段的群体，自主学习能力的个体差异也是非常大的。中小学生的自主学习较成年人差，但显然也有酷爱学习的“学霸”。根据 2008 年对小学生自学能力的调查结果，随着年级的上升，小学生做作业的自主性不断上升（见表 2-1）。而在自学能力较强的成年人群体中，也存在相当多自学能力较差的群体。

表 2-1 小学生写作业是否需要督促的比例

年级	不需要督促	有时需要	经常需要	要父母陪
一年级	58%	35%	4%	3%
二年级	62%	31%	5%	2%
三年级	48%	44%	5%	3%
四年级	60%	34%	5%	1%
五年级	52%	39%	8%	1%
六年级	73%	26%	1%	0%

2.1.5 学习动因

学习动因指的是“为什么而学习”的问题。学习动因分为两大类：内在动因和外在动因。内在动因是指学习者是因为自身的爱好和兴趣，激发学习的动力。“兴趣是最好的老师”，学习有内在动因，学习的坚持性和持久性就会非常好。

外在动因是指因为外在的压力（如升学、考试、就业、父母期望、老师强制等）而导致学习者不得不学习的动力。很显然，中国人千年以来的主导学习动因是外在动因。在科举时代，“学而优则仕”是莘莘学子“头悬梁、锥刺骨”的外在动力；在当代，小升初、中考、高考、考研、公务员考试、资格考试、晋级考试、职业发展构成了迫使学习者学习的外部动因。

根据 2008 年对小学生自学能力的调查结果，随着年级的上升，小学生主动提问的比例急剧下降（见表2-2）。这归结于中国长期以来形成的呆板的“填鸭式教学”“应试教育”。长期的反复扼杀式的应试教学，把学生的学习主动性研磨得荡然无存。

表 2-2 小学生主动提问的比例逐年降低

年级	会主动提问	有时会，有时不会	从不提问
一年级	50%	40%	10%

续表

年级	会主动提问	有时会，有时不会	从不提问
二年级	25%	60%	15%
三年级	20%	70%	10%
四年级	16%	61%	23%
五年级	14%	60%	26%
六年级	11%	56%	33%

很显然，无论是外在动因还是内在动因，一个有很强学习动因的学习者，其学习的效果和坚持性都会明显高于没有学习动因的学习者。但是就互联网教育而言，很难通过高质量的课程开发而引发学习者的学习积极性，因此当前构成中国互联网教育产业的主体动因，还是基于外在动因。

用市场营销的术语来说，外在动因是中国互联网教育甚至实体教育之所以存在和发展的基石和主体，因此满足“刚性需求”是互联网教育产业发展不得不考虑的重要前提。

但是，并不意味着基于内在动因的兴趣教学没有市场。互联网的魅力在于可以将分散于世界各地的小众群体聚集起来，从而成就某个细分市场。比如国内已经有一些从事在线音乐教学、围棋之类兴趣爱好的网站，这些网站就是完全基于兴趣学习产生的，也可以有所为，因此不要将互联网教育的“刚性需求”仅仅定义在外在动因上，内在动因的学习也很有潜力。

2.2 互联网教育的实施者——教师

2.2.1 教师在网络环境教学中表现的障碍

1. 对互联网教育的观念认同障碍

太多的教师一直以来都是从事基于教室环境的教学，虽然积累了丰富的教学经验，但他们由于已经习惯了传统的课堂教学，从教学思想和观念上还难以适应网络教学环境。有些教师难以接受新型教学方法，甚至会从心理上排斥在线学习这种教学方式。

教师会对数字技术对他们教学过程的固化表示担忧：“如果把我的讲课过程录下来，谁还需要我们上课？”这个观念在互联网时代需要转变。互联网不仅不会取代教师，而且会打造名师，比如可汗学院的可汗和中国邢帅学院的邢帅，都是通过互联网打造出的名师。

2. 对网络教学的适应性障碍

一位老师在教室里，在学生面前授课可以侃侃而谈、从容不迫，而且可以与学生产生良好的互动。但是在网络环境下，老师面对摄像机、计算机时，因为学生没有出现在面前，可能一下子找不到讲课的感觉，讲起来也是兴趣寡然（见图 2-3）。

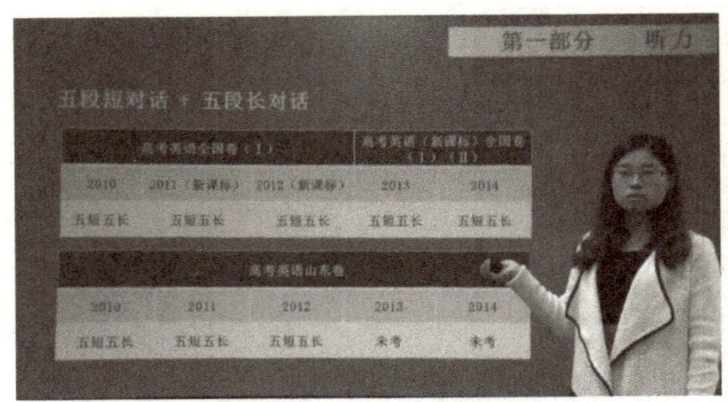

▲ 图 2-3 适应在摄像机前讲课对网络教师非常重要

现场感的缺失可以通过人为手段来消除，有些院校和企业在录制网络课程时，采用了有学生在现场授课录制的方式，来缓解教师授课时教室氛围的缺失。经过一段时间的适应和训练，绝大多数教师是可以在网络上自如授课的。

3. 数字化教学技能障碍

教师在信息技术手段的运用上，绝大多数已经能够熟悉运用 PPT 等软件制作和演示讲义。但是在数字化素材处理（如对声音、图片、视频等）上，教师仍然欠缺足够的技能。在题库资源建设上，还缺乏相关经验，绝大多数教师仍然采用 Word 来编写试卷，并没有把试题导入数据库中。

2.2.2 教师应具备的网络教学技能

1. 以学生为中心的职能转变

在传统教育模式下，教师授课时往往采用“填鸭式”教学，而互联网教育与传统教育在教学时空、知识传播手段、教学实施对象等诸多方面具有巨大差异，需要教师转变观念，由“以教师为中心”向“以学生为中心”转变。

教师不再单纯是知识的传授者，而是网络学习行为的组织者、督导者、答疑者，更像是学习伙伴，而不是传统意义上的高高在上的“师道尊严”。

2. 优秀的授课技能

互联网教育擅长于优质师资资源的固化，通过计算机技术能够把优秀师资的授课过程录制下来，形成优质的课程资源，从而低成本大量传播。因此，教师应该具有优秀的授课技能。

教师不仅仅要传道、授业、解惑，更重要的是要能够激发学生学习的兴趣。一名好的教师对于学生来说是很重要的，比如一位电大的学员曾提到有一位讲政治经济学的老师很机智风趣，他总会谈一些大家感兴趣的话题来吸引学生的注意力，并能在课堂上把书本内容与当今的政治、文化联系起来，还邀请同学们积极参与话题讨论，提高学生的学习能动性，可以说他是一个非常有个人魅力的老师。这样的老师本身具备学科的专业知识，还能给学生拓展课堂以外的知识和观点，并帮助学生把所学的知识运用到生活中去，让学生对课程产生浓厚的兴趣。

3. 良好的信息技术技能

具备良好的信息技术技能，是教师实施网络教学必须具备的条件。教师首先必须了解并掌握这些教育教学资源，才能使它们有效地为教师教学服务。另外，不同的教学资源需要用不同的软件，要求教师必须熟练运用各种常用软件的使用方法，如音频、视频、图片、电子表格等资源的处理。

2.3 互联网教育的载体——互联网教育平台

2.3.1 互联网教育平台定义及分类

1. 互联网教育平台的定义

互联网教育平台指互联网教育服务提供方为保障互联网教育进行而提供的技术平台，该平台主要包括用户注册与登录、课程制作、课程浏览与查询、学习、练习与考试、师生交流、积分等功能。

互联网教育平台是一个比较复杂的系统，其开发成本在数十万至数百万元之间，因为学习管理的数据和技术要求都比较复杂。

2. 互联网教育平台的分类（见图 2-4）

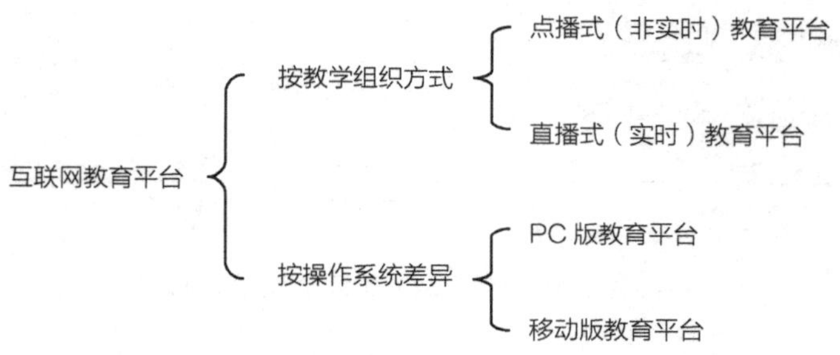

▲ 图 2-4 互联网教育平台的分类

2.3.2 互联网教育平台的结构和功能

互联网教育平台在功能上，可以分为若干个子系统，其中每个子系统，都是相对独立的产品（见图 2-5）。

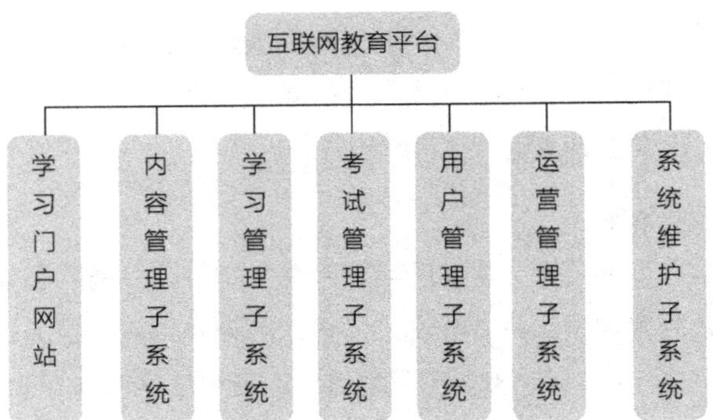

▲ 图 2-5 通用在线教学 / 学习平台功能结构

- 学习门户网站（Portal）：指用户输入网址后出现的学习内容导航网站（见图 2-6）。

▲ 图 2-6 某网络教育学院学习门户网站

- 内容管理子系统（LCMS）：具有课程资源的产生与管理功能，是一个比较复杂的子系统。

- 学习管理子系统（LMS）：给用户呈现学习资源，并追踪记录学习进度。学生的提问、回答等交流功能也在其中，不过这些也可独立成为单独的功能模块。
- 考试管理子系统（Exam）：提供试题录入、试卷管理、考试管理、成绩管理等功能。
- 用户管理子系统（User）：用于增加、删除、修改、禁用、启用用户及用户组织结构、用户角色等信息。
- 运营管理子系统（Operation）：提供查看用户数及分布、账户充值、计费、余额查询等功能。
- 系统维护子系统（Maintenance）：用于设置各种用于管理的系统参数。

互联网教育平台的功能要求主要包括以下几点。

1. 功能满足教学要求

互联网教育平台功能应覆盖互联网教育的主要需求，比如学习、考试等功能。

2. 前端功能简洁易用而高效

现在网站用户对操作的简洁性要求很高，往往没有耐心学习平台的使用，因此在线学习平台在产品设计时应符合人机操作规范，操作简单、高效。

3. 数据互通规范

数据互通指的是教学系统与其他信息系统之间的交换，比如统一用户登录验证、学习记录及信息接口等。目前互联网教育平台之间的数据互通没有实际上的统一规范，在企业 e-Learning 用得比较多的是 SCORM 标准。

4. 支持跨平台学习特性

互联网教育平台不仅要支持基于 PC Web 浏览器的学习，而且在当前移动学习势头正猛的形势下，互联网教育平台也应该支持移动学习特性，使得在线 PC 学习平台与移动学习平台共享共同的用户信息、课程信息、学习记录等数据，给用户创设无缝学习体验。

2.4 互联网教育的核心——教学资源

2.4.1 教学资源的定义及分类

1. 教学资源的定义

教学资源（Contents）是互联网教育的客体，主要指各种数字化的内容资源，如视频课件、Flash 课件、音频、文本、网页、PPT、试题库等。

内容资源在互联网教育成本的构成中，占据非常重要的比重，一般占整个项目支出的 40%~50%（其他为平台开发及运营推广成本）。

2. 教学资源的分类

教学资源的分类，按不同的分类标准，有以下几种，如图 2-7 所示。

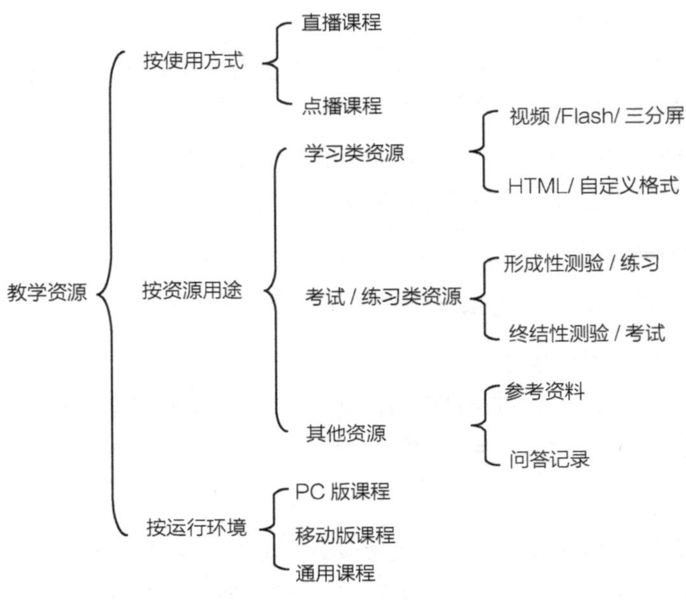

▲ 图 2-7 教学资源分类

2.4.2 常见教学资源的形式

按数据格式类型，当前互联网教育的教学资源的表现形式主要分为以下几类。

1. 动画类课程

动画类课程以其生动形象的内容呈现形式，无论是在中小学教学领域还是在成年人教学领域，都广受欢迎。目前动画类课程仍然以 Flash 动画为主，HTML5 动画为辅（见图 2-8）。

▲ 图 2-8 动画课程样例

动画类课程的开发成本很高，每小时的开发成本在 5 万 ~10 万元之间，因为一门 Flash 课程的设计和制作需要项目经理、教学设计、美工、动画制作、软件工程师等角色参与，而且协同性非常强，因此成本比视频课程要高得多。

2. 三分屏课程

三分屏课程是把教师授课视频与讲义摄制下来，生成专用格式的文件，通过网络浏览器进行播放。因为生成的课件包括三个部分——教师的视频、讲义、课程纲要，所以称为“三分屏课程”。三分屏课程样例如图 2-9 所示。

▲ 图 2-9　三分屏课程样例

三分屏课程具有以下几个特点。

- 开发周期短

网络课程制作通常需要较长的开发周期（通常以月为单位计算），对于具有时效性的课程，其耗费很长时间开发出来，等发布的时候，有些内容已经需要更新了。而三分屏课程是教师开讲即开录，录完后课件即刻生成，再加上简单编辑就可完成，因此开发周期非常短。

- 费用低廉

在现场就把讲课过程录制成三分屏课件，用户可以随时、反复地学习，不受时间、地域限制，每课时录制成本加教师薪酬成本只有几百元左右，比起其他类型的网络课程的高昂开发费用，三分屏课程算是价廉。

- 形式单一

三分屏课程成本低廉、易于录制，占用带宽小，在中国互联网教育课程中，占据统治地位长达十多年之久。

但是因为三分屏课程形式较为单一，互动性不强，所以饱受专业人士和用户的诟病，近几年已经趋于淘汰。

3. 高清视频课程

视频课程是当前使用最多的网络课程形式，高清视频的显示效果较好，当前宽带普及程度也很高，所以目前已经得到普及。但是视频课程最大的缺陷是需要专用的摄录室，而且占用带宽也很高，需要占用 1~2 Mbit/s 带宽，对视频服务器的压力较大（见图 2-10）。

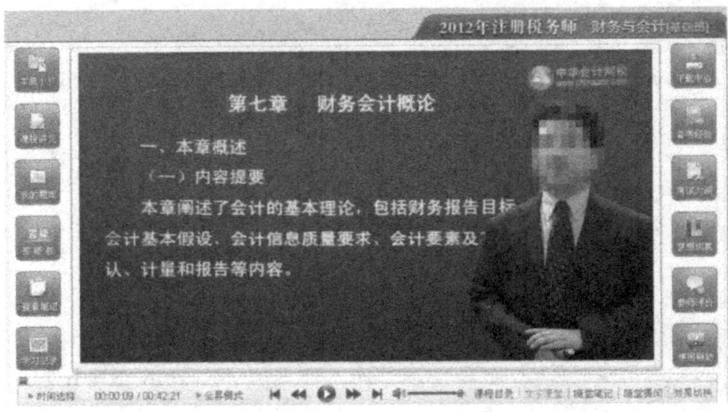

▲ 图 2-10 视频课程样例

4. HTML5 课程

HTML/HTML5 课程的特点是以网页形式显示，占用带宽小，适合移动平台显示，其缺点是以文本和图片显示为主，交互性差且不容易保护知识产权（见图 2-11）。

▲ 图 2-11 HTML 格式课程样例

5. 试题库

试题库也是常见的教学资源类型。但是需要注意的是，如果试题集中在一个Word或其他格式的文档中，还只能算是文档，而不算是试题库。因为真正试题库的试题各项是分拆到数据库，如题干、选项、答案、难度、所属学科、知识点、来源等保存的，这样才利于试题的使用。试题库样例如图2-12所示。

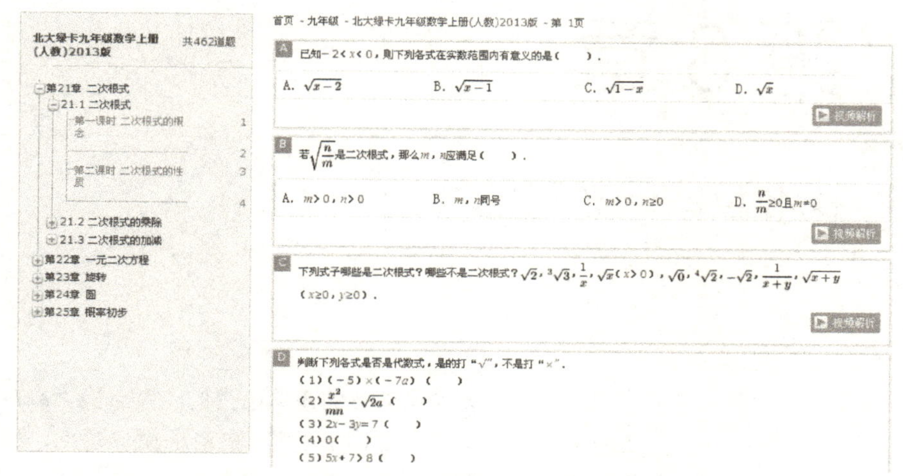

▲ 图2-12 试题库样例

6. 自定义格式课程

自定义格式课程是通用课程格式均无法满足学习需求时，由开发方自定义的课程格式，如单词、会话、听力等，这类课程的格式千差万别，因开发方的设计方案不同而不同。自定义格式的课程必须使用专用的播放器才能正常播放，广泛使用在英语学习等领域。

7. 其他格式内容资源

还有一些特殊课程，如模拟操作、虚拟现实等，采用的是不太常见的特殊格式，如VRML语言等。随着互联网教育技术的发展，这些复杂的课程技术将会逐步普及。

第 3 章

找准互联网教育的风口

这些年，无论是创业的还是投资的，言必谈“风口”，正所谓“顺势者昌，逆势者亡”。本章从投资热点、投资趋势以及近几年技术发展方向为观察点，总结了几大“风口”供大家参考。

3.1 2015 年中国在线教育主要投资热点

2013 年，中国约有 6720 万人使用过互联网教育；2017 年，中国互联网教育用户预计将突破 1.2 亿人。从公开课到在线题库，从英语社区到网络外教……在互联网的催化下，教育正在酝酿一场声势浩大的变革，它不仅发生在中国，同时也发生在世界各地。

伴随着这股互联网教育浪潮而来的是资本市场的现金。目前的投资规模，包括 BAT 的投资在内，约有 160 亿元。相比于 2014 年，2015 年仍呈现递增的趋势。其中还有很多笔的投资数据由于公司保密的需要，并没有被媒体公开，所以实际的投资情况整体上是增多了，而非减少了，但是拿到大笔投资的难度也大大增加了。

根据 Ambient Insight 的统计，2015 年全球在线教育的市场规模大约为 479 亿美元，在 2020 年预计会增长到 504 亿美元。

互联网教育研究院按照 2015 年在线教育各领域融资项目金额的大小，简要列举主要的典型案例，详细如下。

3.1.1 学前教育的在线教育企业

1. 小伴龙获数千万元人民币完成 B 轮融资

小伴龙是面向 0 到 8 岁儿童的早教互联网公司，通过小伴龙这个虚拟的卡通形象，给孩子带来正面、积极、有价值的影响，让孩子享受求知和探索乐趣的同时，培养孩子乐观向上积极的心态，全方位陪伴孩子快乐成长。此次融资由好未来领投。

2. 壹枱 The ONE 智能钢琴获数千万美元完成 B 轮融资

小叶子科技是一家智能硬件 + 教育科技公司，主打产品为壹枱（The ONE）智能钢琴，iPad 和钢琴无缝配合，支持学琴、弹琴、打分、记录、分享等。此轮融资由钢琴家郎朗、创业导师李开复、真格基金徐小平、红杉资本共同完成。

3. 星空琴行获 2000 万美元完成 C 轮融资

星空琴行是一家主打 O2O 模式的钢琴教学服务平台，可以为客户提供线上课程服务和线下教学体验相结合的一站式钢琴学习培训。此次投资，由嘉御基金领投，顺为资本和蓝驰创投跟投。

3.1.2 中小学在线教育

1. 答疑软件阿凡题获 A 轮 1800 万美元融资

阿凡题是一款专注于 K12 领域的在线答疑类产品。2014 年 6 月，阿凡题 App

正式上线前，团队即获得梅花创投和安芙兰创投总计 1000 万元人民币投资。2014 年年底，阿凡题完成 A 轮 1800 万美元融资，由安芙兰创投领投。产品内容包括为 K12 用户提供优质免费的答疑服务，通过拍照解题、众包解题、一对一解题多种模式，实现一分钟答疑的极致体验。

2. 易题库获腾讯产业共赢基金数千万元人民币 A 轮融资

易题库于 2014 年 3 月 上线，是一款智能选题组卷测评系统，属于在线教育中的题库型产品。易题库推出 TAR 在线教辅法，方便教师出题、选题、组卷，同时通过在线测试对学生的学习效果、知识点掌握程度进行评估，帮助教师了解学生学习情况。

3. 一起作业网获 1 亿美元 D 轮融资

一起作业网是一个师生家长互动在线作业平台，目前注重于中小学英语教学等。公司目前已有多家第三方合作伙伴进驻平台，其中包括台湾地区的爱而优数学和广州地区的奥飞动漫等。该公司已完成 D 轮融资，金额或达 1 亿美元，本轮投资由 H Capital 领投，淡马锡、DST 和顺为资本等联合投资。

4. 跟谁学获 5000 万美元 A 轮融资

跟谁学是一个 O2O 找老师学习服务电商平台，平台上已经涵盖了整个教育产业链上的不同细分领域，包括出国考试、K12 辅导、大学英语四六级，以及街舞、绘画、太极拳等体育课程。同时在上课方式和课堂形式上也十分多样，包括线下上课（老师上门、学生上门）和线上视频直播课程，以及一对一和一对多的形式。此次融资，领投方为高榕资本，天使轮投资方启赋资本继续跟投。

5. 清大世纪教育获 4900 万美元完成 C 轮融资

清大世纪教育是一家专注于 K12 阶段教育的 O2O 服务公司，主要面向高、中、小、幼等各年龄层次学员提供相关教育辅导服务，主要产品形态包括：预录教学视频、教学产品（出版物、平板电脑、可触电视等）、辅导学校、在线课堂等。

6. 轻轻家教获 1500 万美元 B 轮融资，而后获 1 亿美元完成 C 轮融资

轻轻家教是一个手机上的家教与学生对接平台，基于 O2O 模式提供找家教、找学生服务，此次 B 轮融资，投资机构有学而思、好未来、红杉资本中国、IDG 资本、挚信资本等。此次 C 轮融资由红杉资本领投，挚信资本和 IDG 资本跟投。

7. 学乐云教学获超过 1 亿元人民币完成 B 轮融资

学乐云平台是一家针对 K12 阶段教育提供教育软件及教育资源研究开发的教育科技类公司，旗下开发有“学乐人人通 · 云教学”“学乐中国”等产品。它是一个激发学生学习天性，旨在让日常教学更轻松高效的 K12 师生日常教学平台。此次融资，由海通开元领投。

8. 学霸君－问吧科技获 5000 万美元完成 B 轮融资

学霸君是一款学生学习辅助软件，针对初高中生，提供在线免费解答作业题、疑难点等服务。此次融资，由挚信资本及启明创投领投，网龙 M Fund 及祥峰投资跟投，其中祥峰资本是其 A 轮投资方。

9. 作业盒子－知识印象获 1000 万美元完成 A 轮融资

作业盒子是一款基于大数据的智能题库产品，分为教师端与学生端，可在上面进行智能出题、多形式批注、学习效果的数据统计与图谱搭建，根据学习状况获得针对性智能推荐等。系北京知识印象有限公司旗下产品。此次融资，由好未来领投，刘强东及联想之星等跟投。

10. 高思教育获 4 亿元人民币融资

高思教育是一个中小学教学培训机构，由教育专家徐鸣皋教授带领的“数学尖子班”发展而来。此次融资，由九鼎资本领投。

11. 乐乐课堂获 2000 万美元完成 B 轮融资

乐乐课堂是一家主打 K12 阶段的互联网教育机构，目前业务以小学数学和小学语文为主，之前曾推出 3 分钟数学短视频课程和乐乐作文 App，为北京乐乐高尚教育科技有限公司旗下产品。此次融资，由晨兴资本领投，蓝驰创投、新浪公司跟投。

3.1.3 高等教育的在线教育企业

1. 慧科教育获 3 亿元人民币完成 B 轮融资

慧科教育是一家专注于前沿科技领域的综合教育解决方案提供者，致力于移动互联网、云计算、大数据、互联网营销等前沿科技领域的软件开发、交互设计及项目管理等人才培养，旗下有“开课吧”等产品。隶属于北京知行慧科教育科技有限公司。此次融资，由千合资本领投，华软金宏、文化长城等机构参投。

2. Coursera 获 10 亿元人民币完成 D 轮融资

Coursera 作为一种 MOOC 模式的网络高等教育，与其他网络教育的区别不在于教学模式，而在于收费模式。此次融资，除了 EDBI 领头，还包括 Kleiner Perkins Caufield & Byers 等。加上新一轮的融资，2012 年创立至今，这家美国创业公司的总融资额为 1.46 亿美元。

3.1.4 出国留学的在线教育企业

1. 顺顺留学获 1800 万美元完成 A 轮融资

顺顺留学是一个 C2C 留学顾问平台，用户可以在线上挑选顾问，同时申请过程中材料制作、网申、签证办理、行前辅导等工作都将在线上完成，且平台方不收取交易佣金。此次融资，投资方有学而思 / 好未来、IDG 资本等。

2. 啄木鸟教育获 2000 万美元融资

啄木鸟教育是一家主打美国留学解决方案的公司，旗下拥有啄木鸟留学、满分培训、满分网等子品牌，具有完善的“留学规划＋考试培训＋申请咨询”一条龙服务体系。此次融资，投资方有东方港湾等。

3.1.5 语言学习的在线教育企业

1. TPO 小站获 6000 万美元完成 C 轮融资

TPO 小站教育是一个托福雅思一对一在线课堂，通过 SKYPE 语音在线授课，提供 5 对 1 跟踪托福指导服务。隶属于星飞网络科技（上海）有限公司。此次融资，投资方有红杉资本等。

2. VIPABC 获 2 亿美元完成 C 轮融资

VIPABC 是一个真人在线英语学习培训网站，TutorGroup 麦奇教育旗下产品。公司获得 2 亿美元 C 轮融资，此轮融资，投资者包括新加坡政府投资公司（GIC）、中俄基金（RCIF, Russia-China Investment Fund）、高盛（Goldman Sachs Group, Inc.）及银翎资本（Silverlink Capital LP）等。

3. 沪江网获 10 亿元人民币完成 D 轮融资

沪江网是一个外语学习门户，提供网校、外语媒体、SNS 学习社区等，隶属于上海互加文化传播有限公司。此次融资，资方包括汉能投资、皖新传媒、马赛基金、软银、中国民生投资、顺为基金、磐石基金、中汇金等。

3.1.6 职业教育的在线教育企业

1. 美术宝获得 3000 万元人民币完成 A 轮融资

美术宝是北京艺旗网络科技有限公司旗下的垂直类教育平台，国内的专业化美术生学习交流软件，以全新的美术作品评画、视频教学理念为引导，以移动互联网的视角解读美术教育。此次投资由蓝驰创投和雷军的顺为资本领投。

2. Varsity Tutors 获得 5000 万美元 B 轮融资

Varsity Tutors 是一个连接精英教师和学生的在线教育平台。此次融资，由 Technology Crossover Ventures 和 Adam Levine 领投。Varsity Tutors 已累积获得融资 5700 万美元。

3. 中人教育获得 1000 万元人民币完成 A 轮融资

中人教育集团一直致力于国家人事系统考试命题研究，集团自 2000 年发展壮大以来，已成为国内一家集考试辅导、教育培训、教研开发、教育服务、出版发行于一体的大型综合性教育辅导机构。

3.1.7 IT 培训的在线教育企业

1. 51CTO 获 1 亿元以上人民币完成 B 轮融资

51CTO 是一家专注于 IT 技术创新与发展的互联网媒体机构，北京无忧创想信息技术有限公司旗下。此次融资，由挚信资本领投、德沃基金跟投。

2. 麦子学院获 1 亿人民币完成 B 轮融资

麦子学院是一家在线教育平台，主打 B2C 高端 IT 职业教育，主要课程包括 Android 开发、WindowsPhone 8 开发、iOS 开发等课程。成都麦子信息技术有限公司旗下网站。此次融资，曲速资本领投，上海融川、五岳资本跟投。

3. 北风网获得 6400 万元人民币完成 B 轮融资

北风网是国内知名的 IT 教育培训网站，网站致力于中国 IT 教育，为 IT 行业培养技术人才。此次融资由 825 新媒体产业基金领投。

3.2 互联网教育投资趋势及特点

3.2.1 融资规模扩大化

在 2007~2015 年这过去的八年里，几百万、几千万元的投资在目前企业中还是占据绝大多数。其中，在企业分布上，K12 所占比例最大，约 21.9%。然而，深一层次而言，K12 也是在线教育投资领域的一块大坑。

整体而言，从几百万到几千万元的投资规模是比较常见的，通常某企业有融资都会报道出来。但是 2015 年上半年以来，鲜有几百万、几千万元的融资新闻传出，这并不是因为融资总额变小了，而是恰恰相反，在线教育市场的盘子越来越大，即使是几千万元融资的公司，不再像以前一样具有震撼力了，媒体也不会争相报道了，所以很多公司融资了也不报道。

2014 年在互联网教育方面投资规模有 100 多亿元，据目前所掌握的数据来看，2015 年投资的单项金额越来越大，甚至有单项 5 亿 ~10 亿元人民币融资，这也是前所未有的。

3.2.2 投资项目多元化

除了热闹非凡的 K12 领域，关于语言类和 IT 类的在线职业教育项目类的融资，在 2015 年也依然高温不下。2015 年 11 月，在线外教英语学习平台 VIPABC 的母公司 TutorGroup 宣布获得 2 亿美元 C 轮融资，估值超过 10 亿美元。投资方包括新加坡政府投资公司（GIC）、中俄基金、高盛及银翎资本，B 轮投资者新加坡淡马锡（Temasek）同时跟投，投资金额创全球在线教育行业新高。TutorGroup 通过网络提供实时交互的语言培训，在全球 60 个国家拥有超过 4500 名教师。目前提供的服务包括了针对成年人专业人士和针对 K12 学生的网上英语培训课程。同时，慧科教育宣布完成 3 亿元 B 轮融资，千合资本领投，华软金宏、文化长城等机构参投。

于 2015 年 7 月上线的小牛学堂确认已经获得 400 万元人民币 Pre A 投资，投资方为主要投资新三板的丰利财富，这是丰利财富在互联网教育领域的首笔投资。小牛学堂是线下 IT 培训机构森纵艾德教育集团推出的在线教育新产品，提供大数据、手游、电商、SAP 等领域的在线课程。

另外，高等教育这个板块的融资也在不断增多。虽然高等职业教育涉及学历的问题，是一个比较封闭的市场。但是国家一旦放权，这一块的市场潜力还是比较大的。MOOC 开始在高校流行，高校开始大量投入资金开发 MOOC。

总体而言，在体制内和体制外、技术供应方和平台类企业中，最具市场潜力的仍是体制内、信息化这两大类，也是资产的集聚地。行业之间的交叉开始变得频繁，体制内与体制外相互渗透。比如，有些在线教育企业虽然做的是体制内的业务，却一直没有找到盈利的方向，原因在于没有赚到教育信息化的那部分钱，而教育信息化（2B 市场）却是一个非常大的大市场。

3.2.3 领域细分化

如果将做教育体制内的项目与互联网相关的企业计入，估算互联网教育企业数量约有 8000 家。互联网教育企业的突然增多，是因为原本就存在的软件类、信息化类的企业开始逐步转型互联网了，比如之前做体制内教育信息化的企业有几千家，有的已经运行了十多年，但是自 2015 年开始，这些企业也开始触碰互联网这个领域。

教育是一个非常广的领域，包含众多细分市场。互联网是一个颠覆性的行业、颠覆性的创新，体制内外的企业开始相互进入对方的领域。比如说滴滴打车 App 的出现，几乎把广播电台颠覆，也可以理解为行业之间的壁垒打破之后，会产生意想不到的后果。因此互联网教育领域细分化，定位清晰并逐步打破壁垒不断融合是发展的趋势所在。

3.2.4 产业基金增多

2014 年在线教育投资以风险投资（VC）为主，然而 2015 年的情况则有所转变，除了 VC 之外，还产生了在线教育产业基金的投资热，这里列举如下。

- 伟东集团：房地产背景，实力雄厚，已收购多家互联网教育公司。
- 好未来：已投资数十家企业。
- 沪江网：成立沪元基金，投资关联项目。
- 新东方：成立洪泰基金，投资早期项目。
- 福建网龙：已投资并购数家公司。
- 拓维信息：投资收购数家公司。
- 全通教育：收购继教网等企业。
- 立思辰：设立并购基金，收购数家公司。
- 中文在线：设立十几亿元投资基金。
- 方直科技：设立十亿元投资基金。
- 颂大教育：设立投资公司。

3.3 值得投资领域分析

3.3.1 学前教育备受重视

行业形态争奇斗艳、市场空间大而市场分散，使得早教领域成为教育产业中逐渐被看好的细分市场。因为婴幼儿本身缺乏自制力的秉性，学前在线教育的发展可以说是寸步难行。但是随着科技的发展，各种教育资源的涌现，使得学前在线教育逐渐涌上前端。

2012 年 3 月，综合性教育集团“新东方”与中国最大的早教机构之一“八州水教育”在京签署合作协议，欲打造专业完善的早教服务体系和专业早教人才培训发展平台。紧接着，2013 年 4 月，雷军旗下顺为基金百万美元投资了早教类应用“宝宝巴士”。2013 年 9 月小米盒子与沪江网合作增加教育类的产品内容，小米还上线了沪江悠客少儿英语、沪江宝宝网儿歌大全等亲子教育内容。

2015 年 6 月，提供幼儿园智慧办园解决方案的幼教互联网企业——慧沃宣布获得和君资本等三家机构投资的 B 轮 1.2 亿元融资。慧沃网成立于 2006 年 9 月，隶属于东方慧沃（北京）科技发展有限公司。其主要产品是向幼儿园提供解决方案，包括多屏互动教学系统、智慧课程、宝贝 +App。其中，智慧课程是慧沃网的核心内容，宝贝 +App 是慧沃网产品的手机端，功能包括家园互动、教师办公、教学管理、幼儿园网站建设等。

3.3.2 中小学市场的三大主力军

中小学领域从始至终都是整个在线教育行业内集资最多的领域。且这个领域的融资有明显的分布，主要包含在三个方面，第一类是针对具体的技能和专业的课程产品。第二类是解决教师需求，帮助教师批改作业、课堂管理和备课的项目。第三类是应用于学校管理，促进师生、家长和学校之间沟通的家校平台。

从 2015 年的投资项目来看，K12 仍然是占据最多。一起作业网和猿题库获巨额融资；轻轻家教以及清大世纪教育融资已经到 C 轮；学乐云教学、学霸君和乐乐课堂稳扎稳打，已完成 B 轮融资；此外，易题库、跟谁学、作业盒子等，已成功跨越 A 轮融资。

3.3.3 职业教育将会迎来新的巅峰

2015 年的政府工作报告提出，要全面推进现代职业教育体系建设，引导部分地方本科高校向应用型转变。另外，在“十三五”规划中，高等教育、职业教育及信息化、互联网化等关键词被多次强调。在政策的支持下，职业教育的发展打破沉寂，突飞猛进。

从 2012 年到 2014 年，通过互联网进行职业培训课程学习的消费者群体人数逐年增加，到 2015 年，互联网职业教育消费人口已达到 5.9 亿人次。大多数消费者的年龄在 25~49 岁，而即将迈出大学校园的二、三本院校学生、应届毕业生和在就业初期需要转换职业规划的人群成为消费的主力军，这部分人对于职业教育的需求最为强烈。

与 K12 领域相似的是，职业培训领域的市场也呈现主要面向应试的特点，学生学习的目的基本是为了提升职业技能。比如，各种公务员的考试、建造师考试和会计师考试、教师资格考试等。因为国家政策对有些职业教育资格的考试有一定的限制作用，一旦政策取消职业资格的考试，这些应试市场就会被削弱。在国务院对职业准入做了一些调整之后，有一些应试慢慢不被市场所需要，就业培训逐渐上升。所以，在互联网职业教育方面将会迎来巅峰。

3.3.4 IT 培训热度只增不减

调查显示，IT 业的迅猛发展造成了上百万名的网络程序开发、设计、建设、实施及维护的网络工程师需求空缺，我国企业对高技能水平的网络工程师、网站管理工程师、网络设备工程师及网络安全系统工程师的需求量平均每年增长高达 71.2%。

IT 教育，如今已被列为国家重点建设项目，IT 职业教育伴随着中国 IT 产业的飞速发展，越来越受到社会、国家和全体国民的关注与重视。数据显示，2010 年全国 IT 职业培训市场实现销售额 53.8 亿元人民币，比上一年增长 17.4%，2011 年的增长率约为 15.7%。至 2015 年，市场的年复合增长率达到 15.2%，为 110.5 亿元人民币，预计到 2018 年的市场销售额将达到 171 亿元人民币。

3.3.5 新起之秀——VR 教育产业

VR（虚拟现实）技术代表的是新一代媒体呈现技术，将是一种高沉浸的媒体形态，将是未来几年发展最为迅速的行业之一。

非常关注 VR/AR 业务的投行 Digi-Capital 预测到 2020 年 VR 市场规模可达 300 亿美元，华泰证券认为到 2020 年全球头戴 VR 设备销量会达到 4000 万台，加上内容，市场将是千亿元规模。中国 VR 产业发展研究报告课题组通过网络调查的方式在全国 15 个省区市抽取 5626 个 15 岁至 39 岁样本进行了抽样调查，有 68.5% 的人对 VR 感兴趣，预测中国的潜在 VR 用户规模达 2.86 亿。在移动互联网流量红利消失殆尽的今天，大家都在赌 VR 是“下一个十年”。

虽然现在对 VR 还存在大量不同的声音，但不可否认的一点就是 VR 的确是一种划时代的革命性的媒体技术形态，它的特征是能够带来高品质的学习体验，对于人类学习技术来说它是一种革命性的进展，VR 一定是不可以错过的。

3.3.6 人工智能教育产业

互联之所以伟大，在于它颠覆了传统，所以才会有互联网教育逐渐颠覆传统教育。互联网教育除了以内容、人（老师）为核心的竞争外，还加入了模式、产品等维度竞争。在新的维度里，才有机会打破已有的行业壁垒。

虽然火热的互联网教育在模式及内容探索上呈现出百家争鸣之态，不过却没有突围而出者。许多在线机构也只是单纯把线下体系搬到线上。直播 + 录播模式的相互穿插是现在比较成熟的在线模式。再完善一点的模式，不外乎加了社交元素，增加了在线分享、在线互动环节。但远远没达到令人惊喜的境界。

未来的人们或许只需要一个机器人或者一款智能头盔就可以完成所有的学习。现在人类教学场景非常简单，互联网教育也仅仅通过图像、视频等多媒体的方式来表现教学知识点。在未来的人工智能教育时代，将实现虚拟现实立体型的综合教学模式。因此，智能化教育才是未来教育的最终形态。

第 4 章

必须知道的 9 种商业模式

根据目前市面上的互联网教育产品或服务的类型，当前互联网教育产品的主要商业模式有 9 种，分别是在线测评、在线答疑、在线教学、内容资源、教育游戏、C2C 交易平台、教育设备供应商、教育信息化服务商、互联网教育技术供应商，如图 4-1 所示。

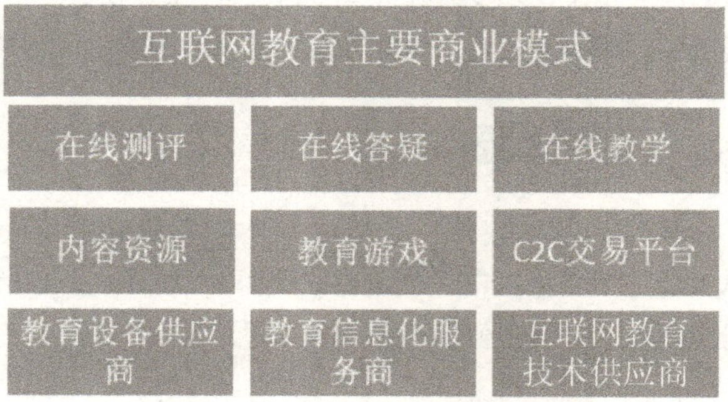

互联网教育主要商业模式		
在线测评	在线答疑	在线教学
内容资源	教育游戏	C2C交易平台
教育设备供应商	教育信息化服务商	互联网教育技术供应商

▲ 图 4-1　互联网教育商业模式

4.1 在线测评

在线测评，指通过大数据技术或标准化的数据模型，对用户的知识或者能力进行测试和评价。目前市面上的在线测评产品主要有五种：口语测评、文本测评、基础知识测评、升学测评和职业规划测评。口语测评的产品有口语 100、多说英语、英语流利说等。文本测评的产品有批改网、极致批改网等。基础知识测评类产品主要是基于海量的题库，因此多是题库类产品，如易题库。升学测评类产品有升学网等。职业测评类产品有升学网、ATA 等。

4.2 在线答疑

在线答疑，指通过海量知识库或在线教学模式，及时线上解决用户遇到的问题。目前市面上的在线答疑主要有两种模式：拍照搜题和在线答题。通常这两者被集合在一个产品上，其中拍照搜题是免费的，在线答题是收费的。典型的在线答疑产品有学霸君、作业帮、阿凡题、口袋老师等。

4.3 在线教学

在线教学，指教师通过互联网实时对学习者进行授课。根据教师和学习者连接关系的不同，在线教学产品可分为在线教学班课、在线教学一对一、在线教学平台。在线教学班课产品有很多，如邢帅教育、100 教育、华图教育。在线教学一对一的产品多是语言学习类，如 VIPABC、51Talk。在线教学平台类，主要是由大型的互联网公司所搭建，如腾讯课堂、百度传课、网易云课堂、淘宝教育。

4.4 内容资源

内容资源，指的是所有与教育相关的教育上线材料。根据材料性质的不同，内容资源可分为课程、课件、试题。目前市面上的内容资源类产品都是综合其两者或者三者的。典型的内容资源类产品有学科网、寓乐湾等。

4.5 教育游戏

教育游戏，指的是将学习过程游戏化的教学产品，多见于学前教育阶段产品。教育游戏类产品创意很多，在此不再细分。教育游戏类的典型公司有一起作业网、花朵网、宝宝巴士、小伴龙等。

4.6 C2C 交易平台

C2C 交易平台，目前指的就是在线找家教平台。在线找家教类产品源于教育 O2O 的概念，希望将教育培训去中介化，直接连接学生 / 家长和家教老师。平台基于学科、地理位置、客单价等信息提供家教老师的服务信息，学生 / 家长在线进行交易，家教老师上门授课。C2C 交易平台的典型产品有跟谁学、请他教、神舟佳教等。

4.7 教育设备供应商

教育设备供应商指的是为学校提供与教育教学、教学管理相关的信息化教育产品的企业，不包括提供桌椅、床铺、体育设备等硬件产品的企业。教育设备供应商主要有两种，一种是教育 / 实验教学设备供应商，代表性公司有奥尔斯、中教股份；另一种是教学管理设备，如考勤卡、一卡通等，代表性公司有中控科技、新开普。

4.8 教育信息化服务商

教育信息化服务商，指的是为体制内学校提供教育信息化方案设计、教育信息化基础设施建设、教育信息化网络搭建、教育信息化后期维护等一系列服务的企业。按照产品和服务特性，教育信息化服务主要分为四种，即家校互动、智慧课堂、云资源平台和网络学习空间。家校互动类产品典型的企业有全通教育、希望谷、万鹏教育等。智慧课堂是当前教育信息化的热门建设产品。提供该类产品的企业有科大讯飞、大家汇等。云资源平台，属于“三通两平台”中班班通的一部分，目前提供此类产品的有立思辰、拓维信息、云书包等。网络学习空间典型产品有习网、同方知好乐、课内网云平台等。

4.9 互联网教育技术供应商

互联网教育技术供应商，主要是指面向互联网教育机构提供技术支持和产品服务的企业。

互联网教育技术供应商主要有五种。第一种是课程录播工具提供商，代表性企业有爱视恒恩、德胜制课等。第二种是提供课件制作 / 录制工具的企业，如 Articulate、iSpring 等。第三种是提供直播教学平台的企业，如 CC 视频、展视互动、爱学堂等。第四种是提供网校平台的企业，如 EduSoho 等。第五种是提供课程外包开发服务的企业，如时代光华、盛世智联、赢诺科技等。

第5章

火爆的项目不一定是好的项目

无论是投资还是创业，最忌讳的就是人云亦云，特别是在“水很深”的互联网教育领域，看似火爆的项目，并不一定是好的项目。俗话说得好，“只有退潮后才知道谁在裸泳”，但是在涨潮的时候我们该怎么分辨呢？如何才能练就我们的火眼金睛呢？ 这里把互联网教育的一些基本问题罗列出来，供创业者们参考。

5.1 选定哪块细分市场?

这个问题非常基础，然而并不是所有的创业者都能够想清楚。初创业者很容易突发奇想，要“做教育行业的淘宝”，笔者见过一家初创业者的网站，内容几乎无所不包，从职业教育到小学英语，让人哑然失笑，显然是“无知者无畏”的表现。

虽然在很多网站的 “关于我们”中，还有很多保留了“中国最大的 XXX 教育网站”“国内唯一一家网络教育网站”诸如此类的描述，当然这样的描述也只是想象而已。因为教育行业是一个产品品类极其细分的领域，各个巨头也只能在某个细分领域称霸。比如新东方在教育培训行业做了几十年，其影响也只限于英语培训和中小学辅导。又如在职类培训行业，达内做的是软件开发类培训，学而森以工程类为主，沪江以语言社区为主。

笔者从来没有见过在所有的细分领域，包括高等教育、中小学教育、职业教育、考试类培训等都能拔得头筹的网站。像 YY 教育、百度、腾讯等大型网站，虽然具备做行业门户的实力，但是在实际上仍然只侧重某几个细分领域。

5.2 是否真的有刚性需求?

这个好像是小儿科的问题，创业者并不是小孩子，还不知道哪些行业有需求？非也！其实很多创业者，尤其是技术背景出身、没有教育行业从业背景的创业者，对用户需求的认识往往出自于本身对教育行业的“理想”，而并非真正的需求！

很多人把互联网教育的项目想象为“白富美”，其实真正做了以后才发现是“灰姑娘”！因此，需要创业者对自己的项目，一定要有客观而准确的判断。比如 K12 市场就是一个看起来商机无限、实则坑很多的领域。

5.3 市场规模有多大?

这个问题也非常重要，即使是有需求，此类需求也需要有可能转化为市场，而且转化率越高，则说明此需求的市场越大。但是当前很多互联网教育创业者，并不清楚所从事的细分领域能转化为现实的商业市场的市场潜力有多大。很多创业者在创业的起点就选错了方向，只能是越努力离失败越近。

5.4 商业模式是什么?

这对于 BAT 出身的创业者来说，一创业就想“商业模式”，显得有些不够“高端大气上档次”。互联网领域的思维是通过大量成本来积累海量用户，然后从海量用户中找到潜在的商业变现机会。在很多早期项目，连创始人也说不清商业模式是什么，结果后来不也找到了吗？

然而你是否成功运作过此类格局的项目？是否能掌控这样的产业格局？像龚海燕这样曾经把世纪佳缘成功运作上市的风云人物，在做互联网教育的时候仍然兵败如山倒，何况普通人？“车到山前必有路”这句话，未必那么适用，笔者预计很多互联网教育企业将在未来一两年内，会因为找不到商业模式而倒下。无论你曾经多么牛，在找到新一轮投资前，找不到商业模式便是死路一条。

5.5 如何能把用户基数做大，继而转化为收入？

创业者们对互联网教育都有自己的理解，而且都认为自己可以在这个领域脱颖而出、有所作为，都以为通过大量砸钱，就可以把用户基数做大。然而理想很丰满，现实很骨感。有些曾经花过重金推广起来的项目，互联网教育的用户的基数、活跃度都不太理想。

与电子商务、团购、打车、视频网站等互联网休闲娱乐行业相比，互联网教育属于“逆荷尔蒙”行业，速战速决的打法走不通。在产业规模上，与很容易做到上百亿元流水的电商行业相比，教育行业达不到这个级别。但是互联网教育行业的持久性很强，无存货，属于轻资产行业，盘子小而利润率较高。

不要以为你的团队成员曾经在 BAT、新东方、学而思等地方工作过，出来就可以纵横天下无敌手。教育行业是一个特殊的行业，在一个行业成功并不代表在另一个行业就可以成功。曾有业界人士坦言，是新东方成就了名师，而不是名师成就了新东方。想想不无道理，这么多年从新东方出来的人物出来打江山，在规模和品牌上，果然都没有超越新东方。

5.6 从创立到盈利的周期有多长？

互联网教育是一个特殊的互联网领域，找到互联网教育的赢利模式更为关键，也是重中之重。风险投资从来都没有改变嗜血本质，而教育行业的产品与服务的特殊性、公益性，则要求有很长的培养周期，互联网“唯快不破”的法则，在互联网教育领域并不适用。

互联网教育不是可以速成的行业，一个互联网教育项目，从立项到开拓市场，试图在 2~3 年内赢利是根本不现实的。以笔者的经验，从项目初始到商业模式运营成功，3~5 年的时间仍然是相当短的周期，用 5~8 年时间获取成功实属正常。笔者认识很多互联网教育创业者，在互联网教育行业里摸爬滚打了多年。急于求成的想法要不得，比如梯子网就因为过于乐观，导致人员规模太大、烧钱太多而无后续资金从而倒下。

5.7 项目需要多少资金才能成功?

这个问题恐怕是绝大多数创业者无法回答的问题。互联网教育的每个细分市场，其入门资金量是不同的。比如在中小学领域，所需资金金额在 5000 万元以上，而某个细分领域的职业教育，可能 500 万元投资就可以自给自足了。

正确判断资金需求的数量级别对项目而言非常关键，每一年需要多少钱，需要几年能够达到什么样的目标，对创业者来说虽然不能精确地预测到，但是也要做到差不多。

有很多创业者项目的 idea 很好，也很有市场需求，但是与自己掌握的资金数量相比实在差得太远。比如你想盖一幢一百层的摩天大楼，而你现有的资金和材料，只能盖三层小洋楼，那么就不要痴心妄想盖一百层的，先把三层小洋楼盖好，然后再寻找机会盖更高的，每一步都向一百层的摩天大楼的目标前进，没准有实现目标的一天。

5.8 是否有创业者的“情怀”?

教育行业固然艰苦，但跟网络游戏相比，互联网教育富有“正能量”。有很多人是对中国教育的弊端甚是不满，便立志从事教育行业。但是如果抱着“投机取巧”或“一举成功”的投机心态，是做不好互联网教育行业的，因为这违背了行业发展的规律，这样的话还不如进入成长周期短、利润更高的游戏行业。

当前互联网教育的急功近利的“机会主义”倾向非常明显，借互联网教育热潮、企图一蹴而就的创业者为数不少。虽然有些项目在风来的时候拿到一笔风投，看起来风光无限，然而岂不知互联网教育的洗牌期即将到来，一旦互联网教育投资风停下来，即使是飞起来了也会狠狠地摔下去。只有真正的雄鹰才能在没有风的时候也能展翅翱翔。

玩转互联网教育，只有“教育情结”是远远不够的，需要对互联网教育细分领域有正确的判断、清晰的认识、坚忍不拔的精神、足够的资源支持，才能在这场互联网教育大战中幸存。互联网教育，仍然遵循“剩者为王”的不变法则。

第二部分　平台搭建

授人以鱼不如授人以渔

第6章

线上教育平台之教学篇

俞敏洪曾说过，教育培训行业的未来一定是线上和线下的结合。暂且定义这种线上线下结合的教育形态为"云教育"。而如何结合、如何相互补充的定量研究却尚付阙如。

6.1 线上教学概述

2015 年教育培训行业的热点当仁不让属于线上教育，大量的资金、人力、信息都早在 2013 年下半年开始如火如荼地投入到线上教育产业中来，但至今线上的赢利模式并不明朗，线上的产品繁多而难成体系，线上教育的讨论莫衷一是，对很多关于线上的思考还不清晰，所以谈到线上课程的质量也就大多差强人意，而再论及线上的可持续赢利也就为时尚早。

如果我们要做一个有前途的在线教育公司或平台，就必须由跨界人才来组建，这种人才梯队至少包括如下三个部分。

第一，公司里必须有一群懂教育教学的管理精英；

第二，公司里必须有一群懂互联网与移动互联网的运营精英；

第三，公司里必须有一群支持移动互联和互联产品的技术精英。

只有当线上教育教学内容、线上教育教学工具和线上教学服务流程三者都达到优质，并且形成很好的融合，线上教育的品质才会有最基本的保障。而要真正理解上面所说的这个简单道理，其实是需要很长时间和大量试错才能真的体会到其中的奥秘，即什么是优质的线上教学内容，什么是优质的线上教学工具，什么是顺畅的线上教务服务流程。所有这些和传统线下教育既有相似之处，又有不同。而仅仅满足线上的自循环还是远远不够的，我们还需要线上直播和线上录播的融合，线上教学和线下教学的融合，移动端碎片化学习和整块时间学习的结合，凡此种种的若干组合形成了不同的教学形态与模式。而由于教学对象的广泛性，教学种类的多样性，不同目标的教学产品需要采纳不同的教学组合，从而形成真正的因材施教。

如前所述，只有当线上教育教学内容、线上教育教学工具和线上教学服务流程三者都达到优质，并且形成完美的融合，线上教育的品质才会有保障。目前的线上教育恰恰都存在着上述三缺其一或其二的重大缺陷，这也就是线上教育公司的痛点所在。当然我们并不据此排除依托线上教育公司开课的独立教师们可能获得超越期待的收入。

其实，表面上看移动互联教育与互联教育的出现大大降低了以下三种成本。

第一，降低了学习者的学习成本；

第二，降低了教学者的教学成本；

第三，降低了开设学校的管理成本。

但实际上却大大加重了线上教育平台研发的成本，而这种研发也绝非一劳永逸，总要与时俱进，不断推陈出新，这才符合互联网时代的特征和要求。

来自于优质线上教育教学内容、优质线上教育教学工具和优质线上教学服务流程三者的要求，相应地，完备的线上教育平台的业务部门应该有与上述三板块内容相对应的三个部门，即教学部、教具部和教务部，三个部门的背后是来自技术部的支持。

教具部，此名词在传统线下教育公司是比较新鲜的概念，这恰恰是线上教学和线下教学差异化最大的地方。这里我们避免使用了类似“产品部”的概念，原因是由于教学培训和互联网的跨界结合，导致了“产品”二字极易被来自不同背景的人士所混淆，来自教学背景的人提到产品会认为是“四六级培训”“考研培训”“托福培训”“司法考试培训”等。而来自互联网背景的人提到“产品”会认为是“教学直播工具”“考试作业工具”等。我们把来自教学背景的人提到的“四六级培训”“考研培训”“托福培训”“司法考试培训”等的产品称之为“教学”。把来自互联网背景的人提到的“教学直播工具”“考试作业工具”等产品称之为“教学工具”，简称“教具”。

进一步，我们把教学流程设计，诸如线上排课，学生服务，特别是线上教学特有的服务流程（比如跨国跨时区的直播课程等）等，称之为“教务”。线上产品的真正形态＝教学＋教务＋教具。显然，线上教育的教学工具的作用比重无疑较线下教育大大加强了。而线上教学和线上教务也都各有其不同于线下的特性，需要我们反复体会、改进和研发。

综上所述，初步依据一般教学管理和推广原理以及线上教学的特殊性，归纳出线上教学的五个最核心环节，主要包括：教学、教具、教务、技术和推广。

6.2 线上教学操作

目前关于在线教育核心或者首要问题的讨论有很多，有的人提出了“在线教育成功的第一步——注意力控制”，有的人提出了“在线教育核心是简单，而非效果”，还有的人提出了“时间是在线教育的核心资源”等。上述论断，各有其依据和合理性的一面，但是无外乎都是关于教学结果或者目标的一种现象描述，而没有从本质上说明问题。

无论是注意力控制也好，使学生感觉到学习内容简单也好，还是提升了学习效率，本质上讲，这都是学习效果的体现。换句话说，无论线上教学，还是线下教学最终的评判标准都是教学的效果。而线上教学之所以能从传统教学的各种教学模式和工具中脱颖而出，形成一种新的教学模式，恰恰在于通过线上教学相比传统线下教学效果可能有了本质的提升。

一般意义上的教学理论，或者说保证线下培训课程质量优于他人的三个教学原则是：“简单、好学、实用。”这个教学基本三原则，是由巴黎第五大学神经语言学博士高朋，在历时十几年知名线下和线上教学机构的教学实践中，总结而来的。它们在实际教学和师资培训中也是屡试不爽，让很多学生学有所成，让很多新教师成为行家里手。凡是课程设计能够满足上面三个原则，相应的培训效果也就有了保证。

反观这三个原则同样适用于线上教学。线上教学的优越性在于教学效果对线下教学的某种超越。要特别注意是某种超越，而不是全面超越。这就注定了线下教育模式不会因线上教育的出现而消亡。两者只能是互补存在的辩证关系。

而提及线上教学效果如何被保证的问题，一定是诸如“淘宝同学”“YY 教育”等这样互联网出身的平台机构相对最为头疼的一个问题。而这个痛点恰恰可能是未来类似的平台机构必须着手解决的问题。只有解决了这个问题，平台间教学质量才会显现出差异化，平台的口碑和特色也会凸显，相应地才可能发现平台的赢利模式。

但是，大多数线上的教学平台并没有深刻认知这个痛点，单纯地认为自己只要提供了很好的教学直播工具，只要自己对教师、对学生的服务流程顺畅就基本完成任务了。至于教学内容，平台管理者可能不是很懂，或者只是略懂一二。而且，对于教学好坏评判标准，也总是带有个体的主观评价，所以也不好参与其中或者制定客观标准来评价。而恰恰是这种逻辑给目前这些教学平台的进一步发展带来巨大瓶颈。

试想，作为一个学生，登录这样的平台，初次体验这种良莠不齐的课程后，就不会再有购买的欲望。这与普通商品付款后才能体验的方式，完全不同。

故开设线上教学平台的起步阶段，各个课程的开发，切忌求全，宁缺毋滥。每更新一个新的课程，都应该有严格的审核标准作为保障。这个标准，不仅适用于平台形式，也适用于内容运营。而且这种审查的制度规范，必须是懂得教学或者教学管理的专业人员制定而成，且需不断完善修订。

线上教学平台教学部的工作人员的工作经验应该至少具备如下标准之一。

第一，亲身参与过授课，平均授课经验应该在 3000 小时或以上。

第二，作为产品经理或者课程设计者，亲身参与过 30 种以上课程的设计，并确保自己设计的课程在相应领域实现了运作赢利。

第三，作为客服，曾经处理过 2 年以上的教学投诉，并且亲身就 100 起以上投诉参与了听课或者课程质量监控。

第四，作为人力，曾经面试招聘过 100 位以上的教师，并能保证监控过所招聘教师的教学质量。

第五，作为培训师，需是培训教师的教师。

当然上述五种情况所涉及的具体数字指标是依据笔者十几年在教学机构中的工作经验所预估的，可在实际情况中再做调整。具备该经验标准的工作人员往往可以举一反三，通过一定信息收集和试听课程判断出所审查课程的基本质量，并给出评估报告。在授课团队出现问题的时候可以在教学层面给出一定的指导和改进意见，确保课程质量。

除了上述关于教学质量基本控制之外，为了确保线上教学张力进一步表现，凸显线上教学的优势，教学部的研发工作也是不可或缺的，研发的内容包括（但不限于）以下几点。

第一，线上教学工具的挖掘。结合平台的教学工具，最大限度把教学工具所提供的教学功能挖掘和发挥出来，并对授课教师进行培训。

第二，线上教学法的研究。首先是常规教学法的迁移，之后是根据线上教学特点的总结和培训。

第三，线上课程设计得是否科学合理成体系。如果是录播课程是否可以达到高质量的碎片化与及时答疑相结合。如果是直播课程，教学方法、教学内容、课堂控制力都可以做常规评估。

第四，引入直播课开课前的试讲机制。

第五，引入定期的教学评估机制。

第 7 章

线上教育平台之教具篇

直播和录播是在线课程教学的两种形式，两者之间时效性的差异致使二者各有优缺点。直播更注重老师教的作用，同时辅导老师还可以及时与学生产生互动，可以有效地提升教学效率。但直播具有不可控的因素，对直播工作准备及教师的要求很高。录播更注重学生学的作用，学生听起来相对枯燥，这就要求课程的质量非常高。微课是一种高效的录播课形式，同样可以有效提升学生学习效率。但微课对课程制作人员的专业技能要求很高，而且制作成本也是普通录播课的数倍甚至数十倍。

7.1 关于录播

在 PC 端网速和移动端网速达到一定标准前，录播课程的教学形式将始终是线上教学最主要的教学模式。它也几乎被默认为是线上教学的代名词。

这种录播课程无论早期是以广播电视大学课程为媒体，还是以录像带、VCD、DVD 为介质传播，又或是在 21 世纪前 10 年成为线上教学的主要模式，它的整体教学效果始终不尽如人意，这也是线上教学相比线下教学发展明显滞后不少的主要原因。

录播课程在电视端以影像制品为主，比如 20 世纪 80 年代初在中央电视台播出的曾风靡一时的《Follow Me》等。录播课程一般有两种模式，其一是课件 + 配音模式，其二是教师出镜的录播模式。由于面对的是镜头而不是学生，在一定程度上会挫败教师教学的积极性。因此，课件 + 配音模式赢得了很多教师的青睐，这种模式也成为了现在很多直播课程的原型。

众所周知，传统录播教学形式的问题主要有以下几点。

第一，教学过程中，无法实现教师与学生之间、学生与学生之间面对面互动，缺乏学习氛围。

第二，录制篇幅过长，教学形式较为单一，无法使学生长期集中精力学习。

第三，学生学习的初始原因多是被动性的，有着考试、毕业、学分等刚性压力，教学效果打折扣，学习效率总体低下。

针对这些问题，在移动互联时代到来之际，很多专家提出了录播课的改进模式是“高质量碎片化的录播课程”+“即时在线答疑”，从而实现教学内容的真正互动，这也被称为是超越“线上直播课程仅仅是形式上互动”的优势，解决了线上录播课程教学效果的问题。但依目前实际情况来看，这只是一种理念，要真正形成某一门学科高质量碎片化的录播课程，背后需要大量的时间、资金和人力成本以及专业的策划包装团队。在中国，面对这些高昂的成本，如何实现利益回报，如何保护知识产权等都是必须去面对和解决的问题。

最后，目前有很多在线教育行业的先锋们还在研究“动画教学系统”“自适应学习系统”与更为深入的“人机对话学习系统”等，这些都可能是未来线上录播教学系统发展的方向。

7.2 关于直播

线上直播教学系统直接面向教师和学生，是师生教学互动最重要的平台。它所提供的功能直接决定了教师在线上备课授课的表现力，一定程度上可以放大或限制授课教师的教学能力，同时也影响着学生听课时的状态。可以说，线上直播教学系统有望成为线上教学首要的、核心的教学系统。因此，对这个教学系统的深入研究尤为必要。

我们以下所着力研究的不仅仅是线上直播教学系统的表现形式和功能，也拓展了与之相匹配的教学服务流程。

7.2.1 目前几大直播平台概况

1. 部分在线教育名录与分类定位

见表 7-1，限于统计时间，有些未能和网站平台发展更新相一致，仅供参考。

表 7-1 部分在线教育机构名录

序号	机构名称	类型评价
1	百度教育	教育资源平台
2	淘宝同学	教育资源平台
3	学讯网	教育资源平台
4	YY 教育	综合在线教学平台
5	传课网	综合在线教学平台
6	多贝公开课	综合在线教学平台
7	油菜花	综合在线教学平台
8	正保教育开放平台	综合在线教学平台
9	智课网	综合在线教学平台
10	沪江网校	综合在线教学平台
11	云学堂	云教育服务平台
12	CC 网	云教育服务平台
13	能力天空	云教育服务平台
14	梦坊在线	云教育服务平台
15	新东方直播平台	免费直播在线教学网
16	YY100 教育	免费直播在线教学网
17	51talk	专业直播在线教学网
18	91waijiao	专业直播在线教学网
19	线话英语	专业直播在线教学网
20	每日韩语网络课堂	专业直播在线教学网
21	大家一起作业网	作业批改与考试平台
22	梯子网	作业批改与考试平台
23	猿题库	作业批改与考试平台
24	新东方在线	录播为主在线教学网
25	学而思网校	录播为主在线教学网
26	精华网	录播为主在线教学网
27	环球英语网校	录播为主在线教学网
28	101 网校	录播为主在线教学网
29	简单学习网	录播为主在线教学网
30	正保远程教育	录播为主在线教学网
31	QQ 正式 SP5 版	教学工具
32	网易公开课	非课程直接营利平台

2. 部分在线平台直播教学系统的截图

（1）沪江直播课堂

沪江直播课堂是目前最具有代表性的、最中规中矩的标准化线上直播教学系统之一。如图 7-1 所示。

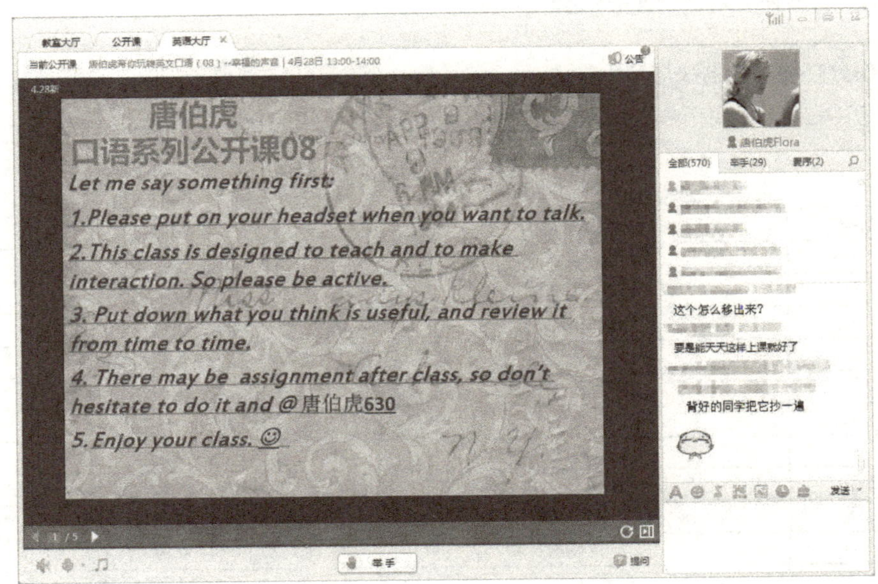

▲ 图 7-1 沪江直播课堂

（2）新东方直播在线课程

面对 YY 的压力，新东方用这么短的时间整合出一个教学直播系统很是不易。但是其进步的空间仍然巨大。如图 7-2 所示。

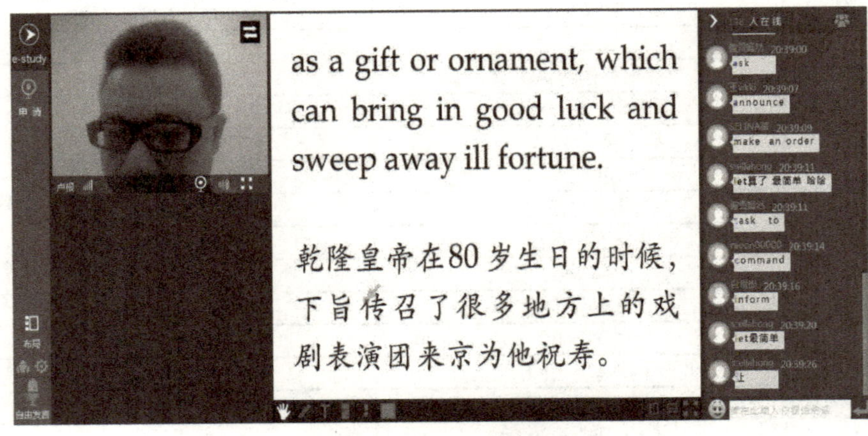

▲ 图 7-2 新东方直播课程

（3）**梦坊在线：真正的多视频互动教学平台**（见图 7-3、图 7-4）

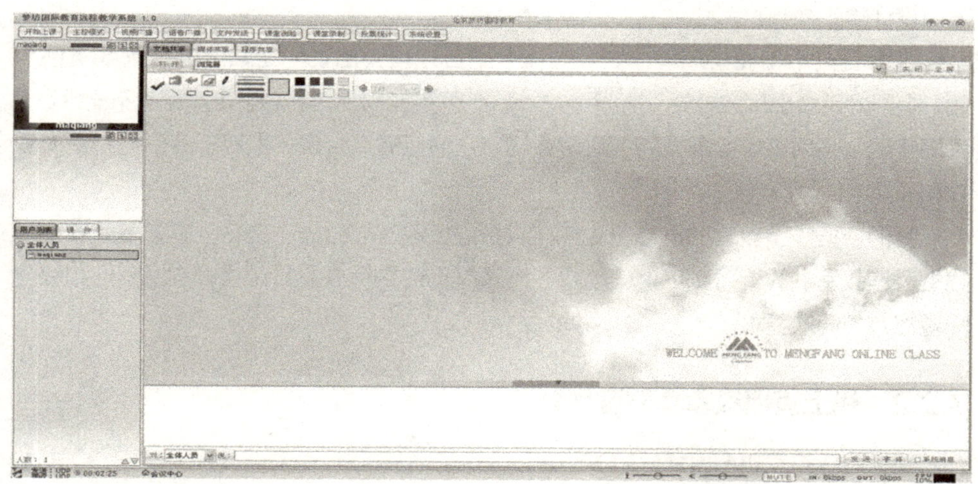

▲ 图 7-3 梦坊 1.0 版

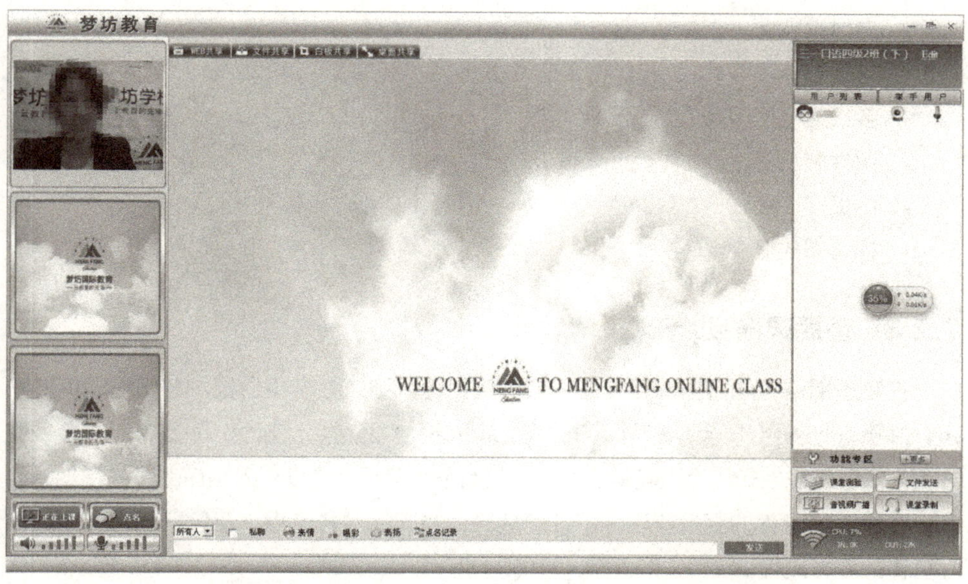

▲ 图 7-4 梦坊 2.0 版

通过选取上述截图，相信大家可以对各个具有代表性的教学平台直播系统有初步的感官认知。如前所述，目前大多数直播平台源自于教师语音 + 课件的录播模式，在此基础上增加了教师学生文字、表情互动区和学生语音区，个别平台开放了教师的视频。而真正实现学生出镜，学生之间全面互动，似乎还只限于个案。其原因之一，可能是受到带宽的限制。此外，也可能是出于对课程互动需求和教室人数规模的考虑而没有设计学生视频。

因为受技术和设备环境的影响，各个平台往往会出现一定程度的视频或课件卡顿，个别的还会出现教师端 PPT 和学生端 PPT 不能同步等问题。可以跨越不同平台、不同终端、不同系统实现直播的是传课网。它的直播平台技术相对于其他平台更为领先和成熟。

我们依据线上教室的形态和功能可以把线上教室划分为：自习教室、答疑教室、线上讲座教室、线上对线下讲座教室、大班教室和 VIP 教室。每种教室对硬件和软件配置都有不同的要求。

7.2.2 线上直播教室功能区划分

线上直播教室功能区划分如下：

- 系统设置区
- 功能设置区
- 道具设置区
- 学生名单区
- 会话打字区（硬件可配置手写板）
- 课件展示区
- 白板区
- 视频播放区

7.2.3 直播课程服务流程

在线直播课程的服务流程，在一定程度上可以弥补教学平台技术与网络环境的不足，并更好地服务于学生、教师和机构。有的平台虽然技术全面，平台功能齐全，但在教学服务流程上却和令人满意的服务流程有很大差距，需要引入相应的人才和规范。

在线直播课程的服务流程，不仅包括开课当天的服务流程，还包括课程上线和课程宣传的服务流程。

另外，上课前对教师操作线上直播课程系统的培训尤为重要，在线直播课程系统的功能越强，教师的课程就会越精彩，但对教师的培训也就越发重要。我们说细节决定成败，即使教师坐在家里，其背后的布景以及教师的坐姿，眼睛和摄像头之间距离的设置等，都需要有很好的调整和设计，以使学生在计算机前感觉舒服和正常。这些也都是线上课程教研和培训的重要内容。

第 8 章

线上教育平台之教务篇

细节决定成败，服务于课程流程、师生关系维护的教务、客服的角色也同样重要。并且，线上教育平台，让传统机构中服务于内部教务和对外服务的客服在职能上越来越重叠交叉。

8.1　线上教务客服与线下教务客服的类比

在线下教育培训公司中，往往存在客服和教务两个职能部门为学生服务。教务偏向对内，涉及设班（课程）、排课（教师）、教管（教学区、教室、住宿部、班主任等管理）和系统（数据录入、分析、查询、优惠）四大模块。客服偏向对外，负责学生的咨询、报名、学生与家长维护、投诉、问题反馈等，除了服务于学生和教学之外，客服还承担了部分营销、数据分析、调研和回访的职能。

教务在线下的设班和排课工作，更多地取决于教学部门的实际情况。一般在以教学为主导的机构中，设班和排课的主导权在教学部门，教务只是一个执行机构。教务对教学部门的反制，往往出现在企业规模扩大之后的规范化。此时，教务部门的权限会扩大，一定程度上阻碍了教学部门的创新与设班效率。

当课程的模式由线下转为线上之后，课程的形态发生了变化，教师的合作模式也发生了变化。根据这种变化，线上的教务和客服两个模块出现了一部分功能的竞合，将之归结为一个部门似乎更合适。

线上平台的教务和客服，面对的对象无外乎是教师（或教师经纪人）、机构代表和学生（含学生家长）。显然，作为平台，设班、排课的教务功能弱化，决定权在教师或机构自己。线上的教务人员，只要依照一定的规则执行，帮助教师、教师经纪人和机构来完成设置。

线下校区、教室、住宿部的管理蜕变为线上直播教室、在线答疑、网页推荐位置以及线上社区的维护与管理。

此外，线上平台客服还承担了部分营销、数据分析和调研、回访的职能，无论是通过网络还是客服电话，解决问题的思路基本与线下一致。

8.2　线上直播课程服务流程概述

如前所述，直播课程的服务流程，不仅仅局限于开课当天的服务，更应包括课程上线和宣传时的服务。目前有的平台虽然技术全面，平台功能不错，但在教学服务流程上却有很大差距，需要引入相应的人才和规范制度。很多机构，特别是技术出身公司的服务流程，还需要大幅度提高自身的教务客服水平。

下文仅以开课当天流程做一简要说明。在线上直播课程中，有教师、班主任（助教）、学生（家长）等角色之分。其中，班主任（助教）在线上教学中有着保证教学顺利进行的职能。班主任（助教）作为班级的负责人，对于本班的所有情况必须第一时间掌握、反馈、调整和完善。班主任既要了解授课教师和此门课程的特点，还要对线上直播系统了如指掌，对各种可能常见的技术问题以及解决方案也要了然于胸。

班主任（助教）在每节课需要将教师、学生、平台等所有的事情都进行记录和邮件反馈，对于出现的异常情况要用红色字体标注，在课后反映给相关的技术人员、平台服务人员或者教师本人等。针对成年人的课程、少儿的课程以及讲座类课程等，班主任（助教）的职能又有一定的区分。根据不同的班级人数配置班主任（助教）的数量。

这里简述班主任（助教）应履行的职能。

1. 课前沟通

班主任（助教）上课前与授课教师对于平台的使用以及相互间的配合做全面的培训、沟通，增加解决问题的默契度。

2. 课前热场

班主任（助教）提前 30 分钟左右进入教室，打开本地视频，播放课件或上课注意事项或其他（不能出现黑屏）并且播放音乐直至教师正式上课。

3. 课前检测

班主任（助教）测试学生音视频及出勤情况（见表 8-1），在课前 2 分钟通过 QQ 或其他私信方式传给授课教师，方便教师对学生设备及出勤情况的了解。避免教师上课后再次点名以及对学生设备情况再次进行检测。

4. 课中突发问题的解决

上课中若学生设备出现问题，班主任（助教）及时告知授课教师，授课教师不需要纠结于某一两个学生的问题。由班主任（助教）与学生私下联系解决问题，问题解决完毕后班主任（助教）可以私下联系教师告之情况。

5. 课中休息

课中休息时可由班主任（助教）播放音乐并切换至“文档共享”。

表 8-1　课前检测表

用户名	真实名或常用名	是否出勤	音频情况	视频情况

8.3 实战片段演示

8.3.1 教师自制 PPT 标准（仅供参考）

线上授课教师自制 PPT 标准如图 8-1 所示。

一、页面设置

1．幻灯片大小：16：9　　　宽：44.91 厘米，高 25.26 厘米；

2．背景颜色以清晰明朗为主不要色彩过于复杂，附件为两示例。

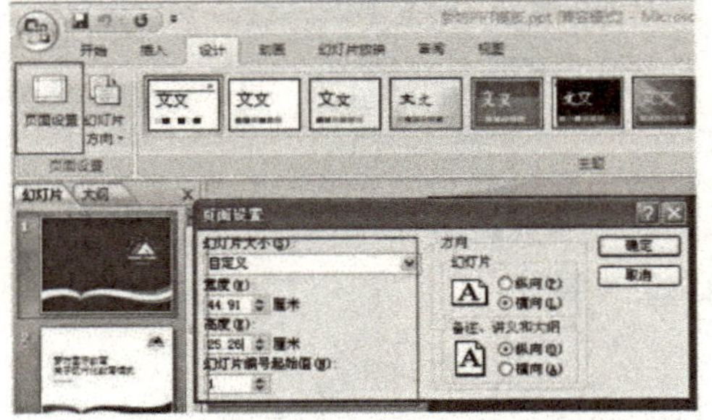

二、内容要求

1．文字

- 大小：标题 60 号字即可　　正文不小于 40 号字
- 汉字字体：文鼎 CS 楷体、黑体、方正少儿简体、文鼎 CS 大黑、汉仪丫丫体简

  汉字推荐字体：文鼎 CS 楷体

  英语字体：Times New Roman。（若有其他可用字体再补充）

2．若出现中文句子，则标点必在中文状态下输入，英文词句按正常英语标点格式输入

并且请注意：

- 引号、括号、书名号的前一半不能出现在一行之末，后一半不出现在一行之首。
- 标点符号不出现在行首。

3．图片素材选择

1．网上选择图片清晰度高的素材；

2．图片截图时需将图片放至最大（摁住 ctrl，滚动鼠标）截取，再同比例缩小（摁住 shift 缩小）

总之确保网课 ppt 播放时的清晰度和识别度。

三、注意事项

1．注意检查单词、句子等等，确保准确无误，检查无误后，才能开始上课！

2．课件中出现的题目、文字对话等都需手动输入不能直接截图，文字标准根据第二条。

▲ 图 8-1　教师自制 PPT 标准

8.3.2　教务客服手册目录（仅供参考）

1．线上教师授课管理制度

（1）课前准备；

（2）上课；

（3）课后家长沟通；

（4）请假；

（5）教师评估；

（6）教师培训评课及奖励；

（7）会议活动。

2. 教师服务项目

（1）作业；

（2）家长会；

（3）学期测验；

（4）积分原则与实施。

3. 教师服务相关标准

（1）家长会标准。

包括准备工作；流程等。

（2）教师课件制作标准。

包括设置；要求；注意事项等。

4. 示例课程

新概念英语课程；三一口语课程；超级拼读课程；小学同步英语课程；魔力动画英语课程；趣味情景课程；思维故事课程；英文儿歌课程；少儿外教口语对练课程等。

综上所述，作为一个线上教学的平台而言，仅仅依靠技术全面，平台功能不错，是远远不够的。平台优化的价值体现恰恰在于教学服务流程。

第 9 章

线上教育平台之推广篇

早先的教育培训机构采用发传单、贴小广告、打电话、发短信等传统的课程推广方式，成本高而效率很低。现在的教育培训机构更擅长利用网络传递培训信息和提升品牌知名度，即所谓的线上推广方式。线上推广方式多样，什么样的方式适合自己，什么样的方式才能达到推广效果，在本章，作者带着你一起学课程推广。

9.1 教育培训机构传统的推广模式

目前线下教育培训机构，市场、渠道的推广模式也可以分为线上模式和线下模式两类。

9.1.1 关于线下推广模式

（1）品牌固有的知名度维系、强化和拓展。这是品牌最大的力量。很多时候培训机构是坐在那里就会有人上门报名。品牌是口碑持续的凝聚，是推广与招生最大的利器。

（2）免费讲座。

① 讲座的对象和地点包括：

第一，进公立学校、大学讲座，比如每年的梦想之旅高校巡讲；

第二，培训机构自己校区讲座，比如有的培训机构每周都在做的留学早班车；

第三，某一地区的某一热点问题的大型主题讲座，比如散布于全国各地二三线城市的后高考留学讲座。

免费讲座是很多线下教育培训机构、出国留学机构等，特别是像新东方等大型培训机构线下推广的最主要模式。

② 讲座的内容包括：

第一，针对某个考试的指导；

第二，针对某个国家留学的介绍；

第三，传授某种课程的学习方法等。

这一类讲座，又可区分为精准营销某种辅导课程的讲座和扩大品牌影响力的讲座。

③ 很多从大机构跳出来创业的教师往往遵循同样的方法做推广，但是很难取得同样的效果。主要有以下几项原因：

第一，讲座定位的人群不精准。

第二，新品牌知名度有限。用户对品牌的信任远不是一场讲座可以建立的。

第三，脱离了大机构背景的很多设计失效，究竟用还是不用老东家的招牌，注明“前……”其实都是有利有弊的注脚。因为标注“前……”字样本身就是在给老东家做免费的广告。

而讲座之所以成为像新东方这样的大型机构的招生法宝在于：

第一，讲座是品牌持续凝聚、发酵、强化的手段；

第二，新东方的很多考试招生讲座持续了很多年，人群比较精准，会有一定效果。

④ 离开了大机构之后的讲座一定要比之前更精心地进行设计，人群要更精准，讲座成败与否主要取决于以下几个要素：

第一，教师对讲座内容、形式和课程的设计与把握；

第二，讲座人群的刚需与精准定位；

第三，现场的营销与促销。

（3）学校活动。

活动种类很多。包括各种主题活动、开学季、毕业季、外语角、文化节、校内比赛赞助等。

（4）走渠道。

与机构、学校合作。在一定程度上可以说，渠道合作是成批次开班的捷径。

（5）校园代理模式。对于大机构而言或者是名师而言，校园代理的功效不可小视。对校园代理的管理需要有一套缜密细致的规则和培训。

（6）校园张贴。海报栏、食堂桌贴……这些都是培训机构在高校的必争之地。张永琪时期领导下的环球雅思就有闻名于业内的高校海报队。

（7）硬广告。包括公交地铁广告、纸媒广告、电视广告、电台广告等。比如尚德的地铁系列广告以及“学习是一种信仰”的公交站广告；学大在公交站投放的关于提分的广告；新东方在央视黄金时段投放的广告以及新东方厨师学校在各大卫视的广告等。

（8）参加大型官方会议活动营销。譬如每年的国家教育展是很多留学中介和培训机构的必争之地。

（9）发单页。

（10）赛事营销。赛事的背景和所承载的背后的价值非常重要。

（11）短信群发营销。完全是以量取胜。

（12）考试年会、高峰论坛、奖学金颁奖大会等。

（13）电话营销。

（14）机构内二次营销。名师续班、客服推荐、促销减学费……

9.1.2 关于线上推广模式

（1）搜索引擎竞价。教育培训行业一直是百度搜索竞价排名一大金主。

（2）群营销。比如学习群、留学群、考试群等。

（3）微信营销。如微信公众号营销、朋友圈营销等。

（4）微博营销。

（5）论坛营销。

（6）电子邮件营销。

（7）网站广告投放。包括综合门户类广告、专业门户类广告、专项网站广告等。

（8）软文推荐。在各大报纸、网络媒体教育频道的文章刊登等。

（9）网络平台、商城、网校推荐。

（10）线上活动。

（11）网络营销联盟。

（12）线上即时问答。

（13）文库、百科营销。

（14）软件、App 内置广告。

（15）线上免费课程。

（16）线上免费试听。

9.2 线上教育培训机构可借鉴的推广模式

上述谈及的推广营销模式对于线上教育培训机构而言是都是可以使用，或者改造使用，或者拓展使用的。结合线上课程的特点，线上营销推广模式又可以有所突破，下面简单地选两点做一说明。

9.2.1 线上免费课程和讲座

作为一种带有服务性质与体验性质的商品，线上课程与一般的电商商品不同，其推广营销模式与普通商品有着明显的区别。同线下讲座一样，线上名师公开课仍然是最常规的一种吸引学员用户的手段和方法。线上名师公开课有录播模式和直播模式。显然直播模式更有吸引力。同线下免费课程和讲座不同的是，线上免费课程和讲座往往预约人数可以达到 5000 人以上，而实际来体验课程的人数也可以达到 1500~2000 人。这显然是一般线下模式难以企及的。如图 9-1 所示。

▲ 图 9-1 线上课程示例

此外，像在沪江这种成熟的平台上，听讲座的人群也相对更精准，利用直播平台搜集到的精准分类或者大数据分析，也都是线下讲座难以企及的。

而线上线下结合的讲座模式，更是极大丰富了讲座推广模式的内涵。既可以免去北京名师去地方授课的奔波辛劳，也依然可以让地方学生在教室里体会到名师的风采。同时，远在美国的留学生还可以为教室里的同学们分享自己的实战经验。可以说，这种模式是对传统线下机构局限性的一种极大突破。如图 9-2 所示。

▲ 图 9-2 远程平台直播线上线下结合

9.2.2 地面体验店

包括各种线上直播、录播、题库、电子书包、报名等功能性体验。如图 9-3 所示。

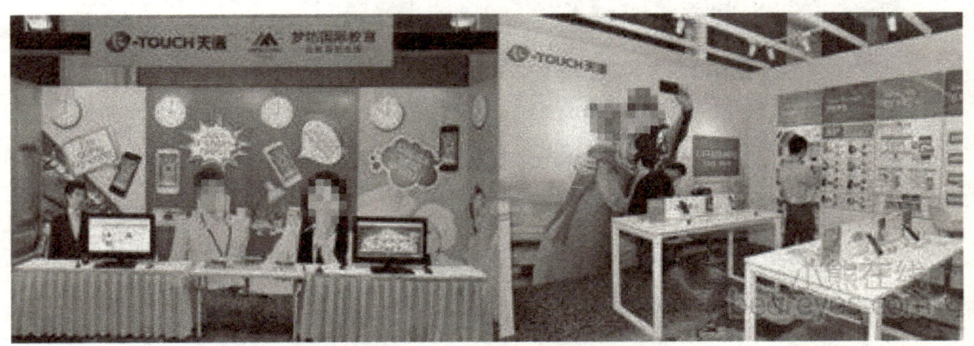

▲ 图 9-3 地面体验示例

9.2.3 线上教育培训社交圈

目前沪江的“沪江部落”做的可谓是线上教育培训社交圈的代表（见图 9-4）。

▲ 图 9-4 沪江部落

沪江部落功能具体包括：

（1）每日签到打卡；

（2）碎碎记录，和学生、同学分享；

（3）拜访好友，互致问候；

（4）好友互送礼物；

（5）督促好友，学习进度；

（6）参加论坛，趣味问答；

（7）名师公开课；

（8）CCTALK 语音聊天。

这样可以说形成了完整的学习社交圈。

第 10 章

线上教育平台之技术篇

关于线上教育平台的技术有很多，诸如学习分析技术、体感技术、云计算、智能机器人技术、移动卫星车等。2013 年开始的在线教育热潮无疑与直播教学技术的发展密切相关，相比上述的技术，直播技术还显得很初级。

然而仅仅是带宽条件的改善，移动 3G 的发展，就足以给在线教育注入了如此的活力，我们可以想象未来上述各种技术的发展与成熟，将会给教育培训行业带来何种变革。下面开始简略说说直播技术的发展和变迁。

10.1 远程直播课堂的本质

直播的表象，无非就是音频交流、视频交流、文档共享和文字互动交流。目前，直播教室都是基于视频会议系统的二次改造和开发。

一般的视频会议系统，包括 MCU 多点控制器（视频会议服务器）、会议室终端、PC 桌面型终端、电话接入网关（PSTN Gateway）、Gatekeeper（网闸）等几个部分。各种不同的终端都连入 MCU 进行集中交换，组成一个视频会议网络。

此外，语音会议系统可以让所有桌面用户通过 PC 参与语音会议，这些是在视频会议基础上的衍生。

传统的视频会议，包括大中小型会议室终端产品和直接在计算机上举行视频会议产品，此两种产品也就成为了两种线上直播教室的原型。

在传统的会议视频终端有大中小型会议室终端产品，这是提供给用户的会议室使用的，设备自带摄像头和遥控键盘，可以通过电视机或者投影仪显示，用户可以根据会场的大小选择不同的设备。一般会议室设备带视频跟踪专用摄像头，可以通过遥控方式前后左右转动从而覆盖参加会议的任何人和物。而经过教学思维的改造，这种会议终端就可以成为大型线上讲座的线上讲座教室产品。

直接在计算机上举行视频会议，视频会议摄像头一般配置费用比较低的 PC 摄像头，现已支持几十点几百点甚至上千点的会议。由于基于 Windows 操作系统，可以在召开视频会议的同时实现电子白板、程序共享、文件传输等数据会议功能，作为会议的辅助工具。而现在大多数的直播教室都是基于直接在计算机上举行视频会议系统改造而来。

基于视频会议系统改造而来的直播教室功能见表 10-1。

表 10-1 直播教室功能

多方音视频交互	采用先进的 H.264 视频压缩算法、完美的高清晰画质、多方音视频交互、多屏输出画面显示、云台遥控功能
电子白板	可以在白板区域自由绘制、书写信息；支持多人同时操作；可方便灵活地使用荧光笔和激光笔等增强工具；支持对屏幕中的任意矩形区域进行截图，并将所抓的静态图片显示在一个新建的白板页上
动态 PPT	完美支持动态 PPT 的展示，还原高清晰、高保真动态画面和音频、视频效果
文件共享	支持普通的文档共享和基于浏览器的文件共享；可将普通文档放到白板页上共享，供所有与会者观看，支持多人同时进行标注、勾画等操作；也可将 IE 支持的多种格式文件和音视频文件共享；支持同时共享多个文档
协同浏览	可以使所有与会者在控制着的操作下，同步浏览网页；支持在网页上进行勾画，便于与会者讨论交流；支持同时打开多个网页
媒体播放	可将本地多媒体文件作为虚拟设备源，把音视频内容播放给会议中的其他用户

续表

桌面共享	会议控制人可将桌面操作情况和应用操作步骤共享给全体与会者，便于协同工作和应用培训；通过切换操作权，用户可将自己桌面的操作权交由其他远程用户进行远程控制
文字交流	与会者既可以进行对所有人的公开文字交流，也可发起与指定与会者之间的点对点私密交流
文件传输	会议过程中，可以方便地将某个文件实时传送给全体参会者或指定人；“文件传输管理”页面中，可以对本地用户上传与下载的文件进行管理；主席用户可以及时清除会议中的传输文件
会议录制（课程录制）	可以随时对进行中的会议过程进行录制，存储于本地计算机中；操作者可将会议录像进行剪辑，上传到系统，将链接发布到自己的网站供访问者进行点播观看
会议控制（课堂控制）	管理员用户可以创建会议流程；通过申请为数据控制人后开可以控制会议流程；会议流程中，数据操作区中会显示相应添加的附件
登录模式	系统支持多种会议登录模式，包括 IM 登录、Web 登录、邮件登陆等；支持匿名登录、电话邀请登录
带宽适应	采用质量反馈、语音优先、丢包补偿、自动降帧等技术，即使在网络丢包严重的情况下，也能获得很高的质量
服务器备份及扩展	服务器有相应的备份机制，可在一台不工作时另一台可用；同时在线用户可无限扩容满足大型应用的需求
会议管理（课堂管理）	一般情况下会议都是由会议中的管理者来进行会场的管理
若服务器支持监控转接服务，系统管理员可设置监控相关功能；在会议进行时主席用户可将监控点的用户视频接入会议室；监控用户没有普通用户的其他会议权限	
系统可对与会者的用户信息进行备份与恢复	

显然基于这些功能列表的视频会议系统天然地具备了改造为授课系统的条件。但是并不是所有的视频会议公司都愿意参与到这种改造中来或者了解教学机构的需求而能做到定制的改造。

10.2　直播：在易用性与功能性之间的抉择

关于教育平台，直播技术是一个不能回避的问题。新东方开始做在线直播时，选择了两条道路：“新东方在线”与新东方集团分别与在视频会议界内相对较小的两家公司合作。这种合作的考虑大概有二：第一，价格会相对便宜；第二，初步试水，并不排除与其他公司的接触与合作。

通过试听课程，笔者发现新东方的直播课程易用性较好，从本质上讲都是纯 Flash 网页版本的网络会议产品，其优点在于，老师和学生不用装任何插件，会用网页即可观看直播，易用性好；但其缺点也很明显，尤其是体现在以下几个方面。

第一，受 Flash 后台服务视频处理能力限制，纯网页版本要想做大规模的高清视频直播会有相当的难度。

第二，受Flash后台音频处理能力限制，纯网页版本在音频质量上很难得到保障。

第三，纯Falsh网页的产品在处理多路音频及多路视频方面的能力有限，导致其应用场景单一，其仅适合做单向、规模不大的，以老师讲授为主的应用场景。对于一些专业的一对一、一对三、一对十的强音视频互动小班场景，或者多个老师对多个学生的大规模并发场景，其很难保证效果。

第四，纯网页的产品在网站集成上有很大的瓶颈，无法做到客户自定义直播界面。

第五，在移动端上，纯网页版的产品对移动支持很差。这个要想做好，也有技术瓶颈。

第六，纯网页Flash直播教室使用过程中对于文档、音视频的共享一般应该是没有预先上传到服务器的支持的。这对老师和本地网速无疑提出更高的要求，而当课程中加入了大量抽奖活跃氛围的活动或者音视频课件等时，其直播产品的表现就与网页和服务器结合型的直播效果有了天壤之别。如果是刚开始做直播，可能体会不到，慢慢就会发现类似产品还有是很大瓶颈的。当然这与新东方对直播教学认知的日益深化是紧密相联系的。

在直播初期，市面上的产品看起来都大同小异，但直播时间做长了，应该思考清楚以下几个问题。

（1）为什么要做直播课程？

除了便利于上课外，直播成为了一种先进的营销手段，它可以替代或部分替代线下讲座的功能，或者说比线下讲座更便捷和有效率。那么一场直播讲座做完，我们要搜集的东西其实和线下讲座是一致的，因为是通过线下讲座的系统来完成，但将会获得比线下讲座更多、更完整、更直接、更有意义的“大数据”。

那么目前所用的直播平台都能给自己提供详细的数据，供自己营销使用吗？这个需要认识清楚。数据的范畴包括但不限于以下要素：用户所在区域，用户基本信息，用户参与直播的时间段，用户所提出问题的类型，用户的大致需求等。

（2）直播平台的稳定性如何？是否易用？

① 如果是免费直播讲座，平台的不稳定、卡顿以及安装使用的不便利，无疑会导致用户体验非常不好，反面会起到反宣传的效果。

② 如果是收费直播课程，平台不稳定、不便利必将会导致学生对教师授课体验很差，影响教师的教学效果，从而引发学生的投诉与退费要求。这个责任虽然是直播技术提供商的，但显然首先要由相关的教育机构或者教师来埋单。

（3）直播技术外化为直播教室时的形态有哪些？

① 如果使用的是纯网页Flash产品，那么唯一的形态就是一对多的单向观看视频的大教室。

② 如果使用的是网页结合下载客户端模式的教室，那么这个教室的形态就会是多样化的。具体包括：

A. 一对一或一对三以下的双向或三向视频交流教室，即 Vip 教室；也可以采用画中画模式，但显然画中画模式不如并列视频模式。

B. 一对多（4~12 人）精品小班多向交流教室；依据目前的体验以及屏幕的大小，超过 12 人以上的视频基本失去了视频应有的交流功效。建议在 8 人以内为佳。当然并不排除用可轮转的模式来只开启 3~4 路视频的模式。

C. 一对 20 以下的中班教室。可以开通 1~4 路视频，在课程中仍然可以互动交流。

D. 一对 20 以上的含学生展示互动的 3 路视频教室。

E. 一对 20 以上直到几千人的讲座、大课教室。一般上课期间只出现教师视频或不出现教师视频。

第三部分　课程制作

坐而论道不如起而行之

第 11 章

什么是课程开发

课程即在线教学的核心内容，课程开发的作用可想而知。曾经有这幅景象，一位老教师挑灯夜战，完善着自己的课程讲义。这是传统意义的课程开发，而随着时代的发展，教育的课程设计是否已有所不同？

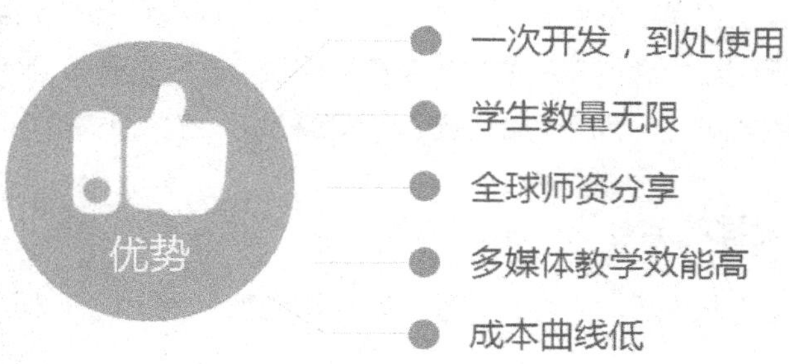

▲ 图 11-4 在线课程的优势

第一，在线教育可以使教师的名气通过网络得到极大程度的放大。比如沪江的叶子老师，拥有 50 万名粉丝，这意味着她拥有 50 万名学生。一门只需要学一两遍的课程，有的学生去学了六七遍，并且每次都付费。她已经形成一个很好的口碑，日语讲得好，教得也很吸引学生，自然而然会有一批粉丝群体，并且主动去消费她的课程。如图 11-5 所示。

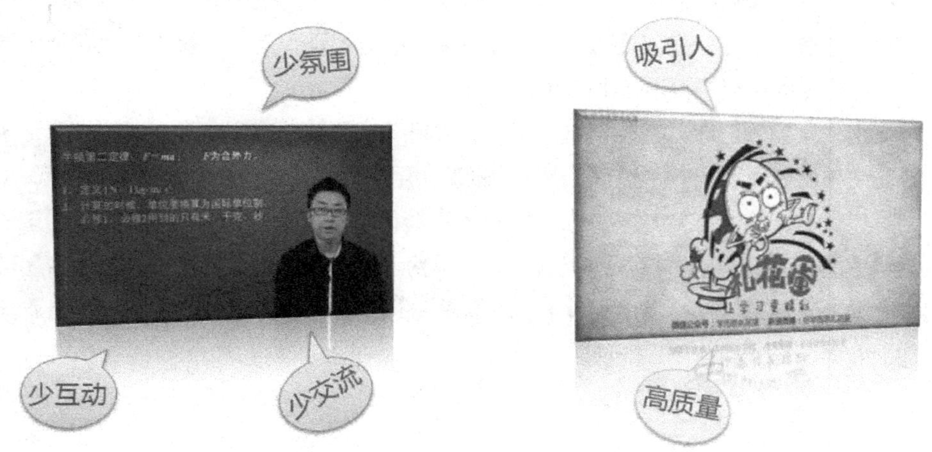

▲ 图 11-5 高质量的课程更吸引学生

第二，在线课程的成本曲线非常低，并且学生人数并不会受到限制，主要是增加一些服务器和宽带的成本，另外对于学生可能需要增加一些学习答疑或者知识服务。相比于面授成本，在线课程的成本曲线要低很多。

第三，目前很多传统的面授培训机构面临着转型压力，主要是原来的商业模式难以为继。对于传统面授培训机构来说，面临的最大问题是学生人数和空间的限制。除此之外，还需要承担房租成本和推广成本的压力，随之而来的是招生成本的增加。因此，很多传统的教育培训机构开始纷纷往线上转型。

在线教育如果仅仅是把师资搬到网上，其实并没有发挥出它的优势，很多在线教育公司并没有认识到可以通过在线教育的多媒体课程形式来提升教学效果。如果仅仅是把教师的录像放到网上，然后添加测验或者答疑模块，这种模式仍然显得单调。

11.1.4 在线课程的劣势

在线教程的优势非常强，但与此同时也有很多劣势，如图 11-6 所示。

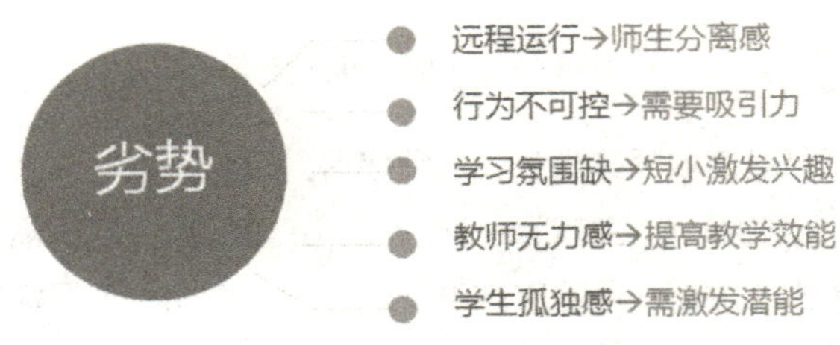

▲ 图 11-6 在线课程的劣势

第一，在线课程是通过网络传输进行授课，相比于面对面培训，网络授课很容易造成师生分离的感觉。如果要做一个比较复杂的教学课程，首先要解决的是老师和学生之间不能见面引起的教学效果降低的问题。

在线教育初入行者并不明白这一点，如果将课程简单地放到网上，那就类似于录像。在线教育如果不能够做到超过用户的预期，用户为课程付费的意愿就大大降低。

第二，在网络授课状态下，学生的行为不能得到很好的控制。现在 90 后的孩子缺乏足够的学习动力，在这样的情况下，如果网上的课程仍然很单调，学生很容易转移注意力，因此需要高质量的授课老师和优质的课程资源，再通过各种机制来鼓励学生在网上学习。如图 11-7 所示。

▲ 图 11-7 网络教师很重要

第三，学生学习氛围欠缺，在网络授课的前提下，学生只能通过网络来与教师或者同学进行交流，少了课堂上师生面对面一起学习讨论的氛围（见图 11-8）。

▲ 图 11-8 氛围欠缺导致学生难以持续学习

第四，教师在看不到自己学生的环境下教学，会产生无力感。上课面对的是一台摄像机或者一个计算机屏幕，教师很容易感觉到孤独，找不到课堂上教学的氛围。在线教育教师要提高教学效能，要具有一定的表演能力，能够通过摄像机，让学生感受到教师的“存在”，使课程能够吸引住学生的目光，这一点对于教师的要求很高（见图 11-9）。

▲ 图 11-9 在线录课对教师的要求高

第五，教师会感觉到孤独，同样学生也会很容易感觉到孤独，这除了需要将课程做得生动有趣之外，还需要通过其他的形式比如竞赛、网上签到和学习社区等，来降低学生的孤独感。

11.2 高清录播视频简介

11.2.1 高清录播的初始阶段

高清录播课程是现阶段在线课程的主流形式，在线课程中的录播在两三年的时间内可能会被类似 Flash 的高质量课程所替代，并且互动性和交互性会更强。

大部分人对教学的认知是教师给学生讲课，实际上人的学习行为是非常复杂的，仅仅让教师把课程讲给学生听，还远远不够。对教学理解产生偏差使得很多做在线教育的人只是在传统课程的基础上，添加了练习内容，所以目前网校的基本模式都大同小异。

现在在线教育还处于 2.0 时代，即视频的时代（见图 11-10）。高清录播课程最大的问题是非常占带宽，网络中很多号称高清的视频，实际上还是标清。720P 和 1080P 课程同时播放，屏幕清晰度都不错，其实最主要的影响因素还是教师讲课的质量，课程质量好，即使是录屏，也能够取得较好的效果。比如可汗学院，直接用录屏加声音的课程，但是内容质量做得非常好，也非常受学习者欢迎。所以，高清视频录播课程中，最重要的是教师对于教学质量的把握。

▲ 图 11-10 高清录播视频课

11.2.2 高清录播的发展走向

高清录播视频在移动端还未普及，高清占用视频资源太多会导致卡顿现象。将高清视频缓存下载，存到本地再看，能够解决卡顿的问题，不过这并不是在线观看。目前的高清视频课程还处于 PC 端的时代。移动端的技术发展很快，原来移动端是占用了我们的碎片化时间，但是实际上现在移动端开始把我们的整片时间都占用了。未来的两三年，移动端会逐渐成为主要的学习平台载体（见图 11-11）。

目前很多领域的移动端 App 开始普及，沪江的移动端 App 用户数量已经超越了 PC 端。另外，一些大型的互联网公司也正在向移动端转型，比如百度在移动端的收入已经开始超越了 PC 端的收入。现在向移动端的转型非常快，所以在线教育一定要考虑到移动端的产品开发。

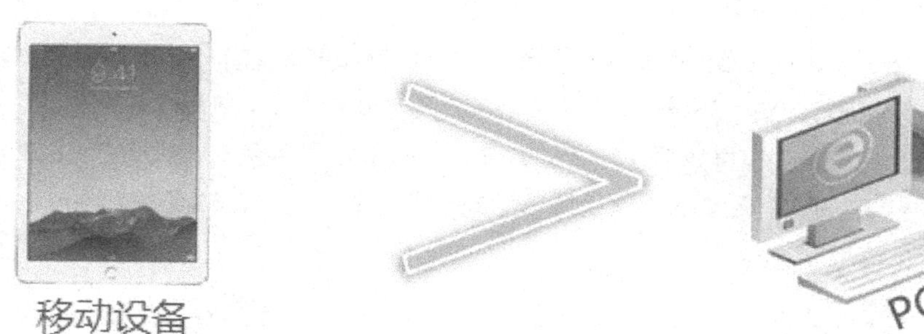

▲ 图 11-11　移动设备上的学习人数将超过 PC 设备上的

现在移动端的主要操作平台是安卓和 iOS，预计高清录播课程在未来的几年，会在移动端得以实现。高清录播课程对于带宽的要求相对较高，所以标清视频课程在移动端可能会表现得好很多。

11.3　高质量课程的作用

11.3.1　辅助教师的“教”

目前许多的在线教育机构对于教师的“教”是非标准化的，绝大部分的培训机构对于教师的备课和授课课程都没有约束。少数的比如新东方这样的大型培训机构，拥有独自的教研团队。教研团队能够制作标准的课件、标准的练习题，辅助教师教学。在线课程标准化能够使教育培训机构的教学过程标准化，只要课件做得好，即使教师的水平不是特别高，也能够把课上好。如图 11-12 所示。

▲ 图 11-12　课程资源可辅助教师教

一些其他教育培训机构（如学大教育等）也在标准化课程上入手，学大教育通过录制微课对学生进行一对一辅导，相对于之前的一对一辅导而言，脱离了对教师的“依赖”（见图 11-13）。辅导教师在教学的时候，可以事先调用事先录制好的大量的微课，根据学生的情况进行教育，这大大降低了对教师的依赖。

▲ 图 11-13　学大教育制作微课

在线教育不仅可以将课程从线下搬到线上，其本身也可以辅助线下，形成将来极具竞争力的 O2O 模式。一个民营教育机构如果能够主动地将技术信息手段应用在教育教学管理中，将教学管理标准化，会更容易得到投资商的支持；相反如果不做数字化加工，在投资上肯定会打折扣。竞争力孰强孰弱一目了然。

11.3.2　促进学生的“学”

做在线教育课程，最关键的是要突破教学的重点和难点。录制课程不仅要将整个过程全都录制下来，还需要形成精华内容。在线教育需要对优质资源进行重点加工。

在做在线教育课程的过程中，可以通过将抽象的知识转换成形象的表达，来提高教学质量和效率。高质量的在线课程不仅能够方便教师的教学，更能够方便学生的学习。越是高质量的在线课程，成本越高，但是所起到的作用也非常大。

蒸馏仪器讲解课件就是一个生动形象的案例，课件将蒸馏仪器的每一个组成部分一步步进行讲解。课件可模拟实验现场，通过动画的方式，展现蒸馏实验的过程和实验结果。实验过程的细节都处理得很形象。这个课件是使用 PPT 制作的，PPT 同样能够做成高质量的课程资源（见图 11-14）。

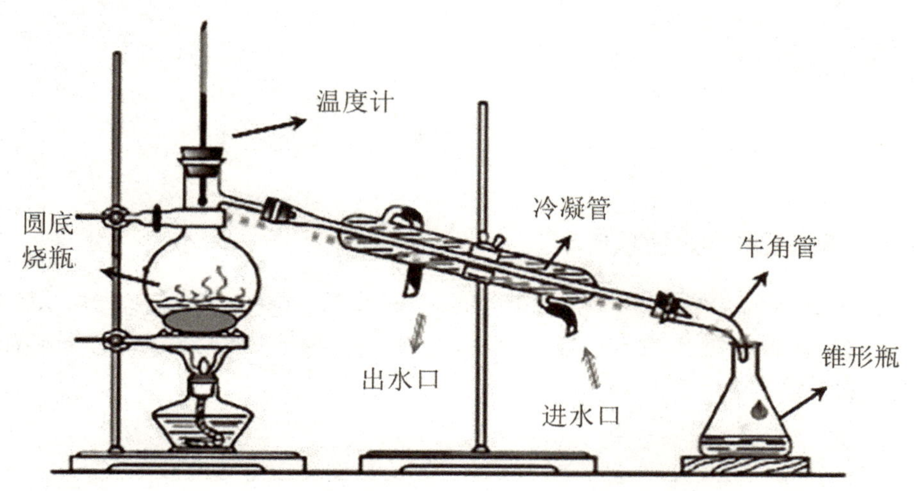

▲ 图 11-14 多媒体课件可有效辅助教学

上述的课程形式，就是把抽象的课程转变为生动形象的课程，从而提高教学效果。在在线教育中，只将教师的讲课内容搬到网上，是对在线教育片面的理解，教师讲课的同时需要有优质的课件作为补充，这个补充有着非常重要的作用（见图 11-15）。

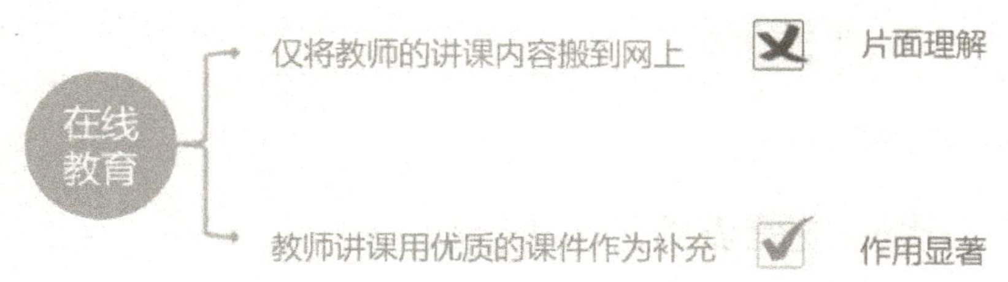

▲ 图 11-15 在线教育的正确和错误理解

若教师不借助课件，不借助板书，空讲蒸馏仪器，很难让学生理解教学内容，辅助这样的课件，相关的知识能够通过课件形象地模拟出来，可以提高教学效果（见图 11-16）。

▲ 图 11-16　标准化课件可提升教学效果

11.3.3　降低教学难度和成本

教师使用标准化的课件讲课，能够降低讲课的难度，同时数字化的资源可以重复使用。数字化的课件比较生动形象，能够很简单、很自然地将教师要讲解的要点展现出来（见图 11-17）。

▲ 图 11-17　使用课件可降低教学难度

当前的教育培训机构，师资方面基本上都不是问题，使用标准化的课件让教师教学，不同水平的教师教学效果还是会有差异的，但是可以肯定的是，标准化的课程能够让教学效果维持在高水平。

11.4　课程开发的流程及所需技能

11.4.1　在线课程开发的基本流程

1. 目录结构的确立

内容结构的确立需要分析教材，分析透后把目录结构和知识点提取出来，这是一个重点和难点的提炼过程。如图 11-18 所示。

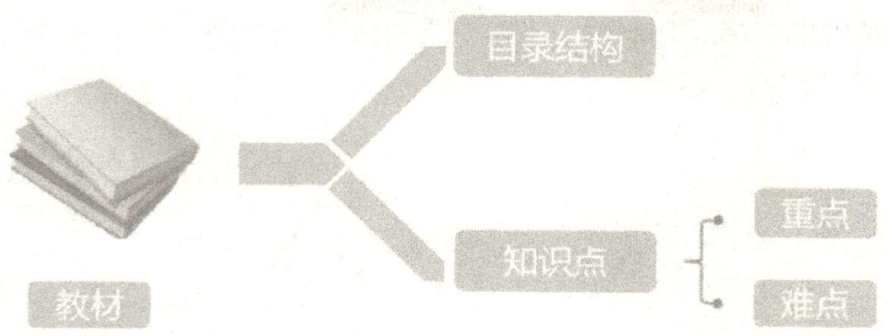

▲ 图 11-18 课程目录结构的确立

2. 教学设计

教学设计是课件制作的核心部分，课件是教学的表现形式，而课件制作的方案需要教学设计人员完成。教学设计人员是介于学科教师和课件制作人员之间的桥梁，需要将学科教师的讲课内容设计成课件动画，然后交由课件制作人员完成（见图 11–19）。

▲ 图 11-19 教学设计人员是学科老师和课件制作人员的桥梁

教学设计的优劣直接决定了课程的质量，这也是目前很多课程不能达到标准的原因。教学设计人员和教师有很大的差别，教师掌握的是学科的内容，而教学设计人员则是负责将教师的学科内容更好地展现在屏幕上。教学设计人员的作用非常重要，课程开发的成败，很大程度上取决于教学设计的水平（见图 11–20）。

▲ 图 11-20 教学设计优劣决定课程质量

3. 素材整理

课程素材的构成相对简单一些，素材主要包括文字、图片、动画、视频、音乐和配音等，如图 11–21 所示。

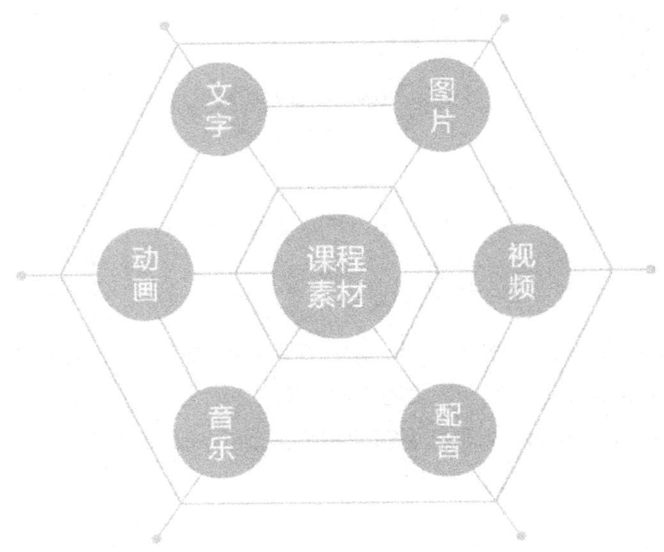

▲ 图 11-21　在线课程的素材

图片是课件的重要组成部分，在线课程的制作需要大量的图片素材，而不仅仅是文字。动画的展现形式如图 11–22 所示的蒸馏仪器讲解的动画课件。视频必要的时候也可以以素材的形式插入课件之中。

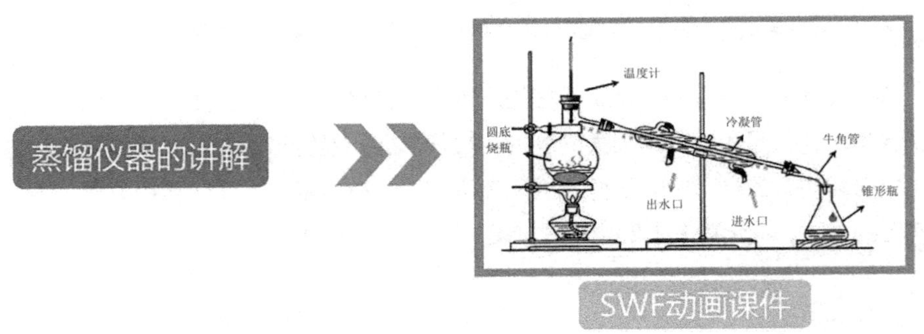

▲ 图 11-22　动画可以给课件增色很多

音乐和人声素材的选取也非常的重要，配音只占很少一部分的成本，但是对于课程的表现力却有着巨大的作用（见图 11–23）。

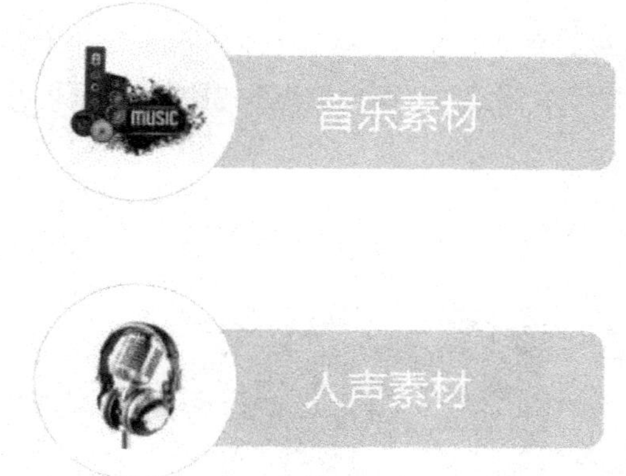

▲ 图 11-23　声音在课件中的作用不可小视

课程的整体包装需要一个团队的支撑，课件的整合并不是将素材简单地叠加而成，它是教学设计人员和课件设计人员以及授课教师共同努力的结果。

11.4.2　课件制作所需要的技能

1．色彩搭配能力

色彩搭配需要经过专业的训练，除了美工，几乎是每个人的短处，比如一个课件用冷色调还是暖色调、用红色还是绿色又或者蓝色，具体怎么搭配需要经过细致的布局设计。

要做好一个高质量的课件，界面的颜色不能超过四五种，用多了会让课件的界面显得太花。色彩丰富的画面很容易干扰人的注意力，干扰学习，所以课件制作的时候需要简约的色彩搭配（见图 11-24）。

▲ 图 11-24　色彩搭配能力非常重要

2. 版面布局能力

版面布局同样需要经过专业的训练，让美工来做版面布局设计，可以让课件的整体效果显得好看又不失简约，版面布局能力也非常的重要（见图 11-25）。

▲ 图 11-25 版面设计能力可以锦上添花

3. 良好的逻辑思维能力

在做课件过程中，逻辑思维主要表现在对知识的结构化能力的把握，能够将课程的知识点结构化，并列成目录，目录根据课程知识点的需要，可能还需要分出二级目录甚至是三级目录（见图 11-26）。良好的逻辑思维能力主要表现为结构化思维。

▲ 图 11-26 良好的逻辑思维能力非常必要

这还涉及流程性的逻辑思维，主要体现于知识呈现的方式，比如由简单到复杂、由易到难逐渐展开的过程（见图 11-27），这需要有良好的逻辑思维能力，将复杂的知识点进行归纳总结，然后形成有逻辑性的结构化过程。

▲ 图 11-27 可视化教学能力化繁为简

4. 可视化教学设计能力

教学中的关键点、难点和重点，需要把抽象的知识形象地表达出来，这就是可视化教学设计能力，而这些能力是美工不具备的。同样，一个教学设计人员，如果没有美工的帮助，也很难将课件做好。

5. 熟练使用课件制作工具

课件制作不同于高技术含量的软件开发工作。课件制作需要的技能更多地表现在软技能上，比如颜色和版面的把握能力、对教学知识点的呈现方式。

PPT 是一个简单的工具，但是 95% 的人没有把 PPT 用好，只用到其中 5% 的功能。PPT 的功能非常强大，如果发掘得好，能达到非常好的效果（见图 11-28）。熟练使用 PPT，对课件的制作非常重要。

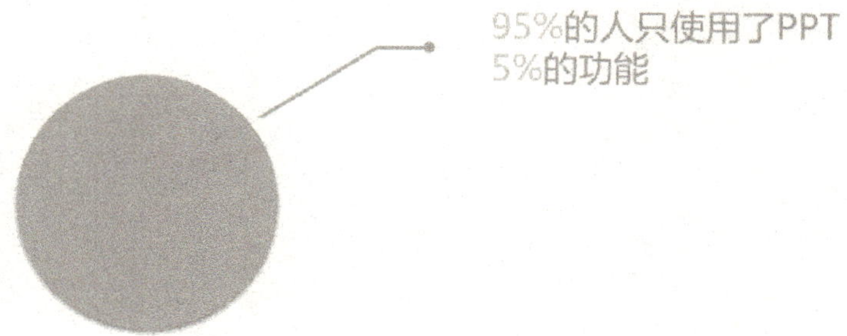

▲ 图 11-28 PPT 功能其实很强大

这并不是要求所有人能够掌握全部的技能，很多课件如果只让一个美工去完成，也不一定能够做好。因为虽然美工界面表现能力强，但是对教学内容的把握还是有所欠缺的，他不懂教学，也没学过教育学和心理学这类课程，很难将课程的内容通过视觉化精准恰当地表达出来。

6. 团队协作能力

对于课件制作人员来说，薪酬一般比软件技术人员的要低，但是能够真正把课件做好的人并不多。基本上做得好的课件都是由专业的课件制作公司完成的。当然不排除少数人自己成天地琢磨，把各方面的能力补偿，然后做成好课件，这有很大的难度，很少有人能够独立完成，因此课件制作是一个团队协作的行为，而不是个体行为（见图 11-29）。

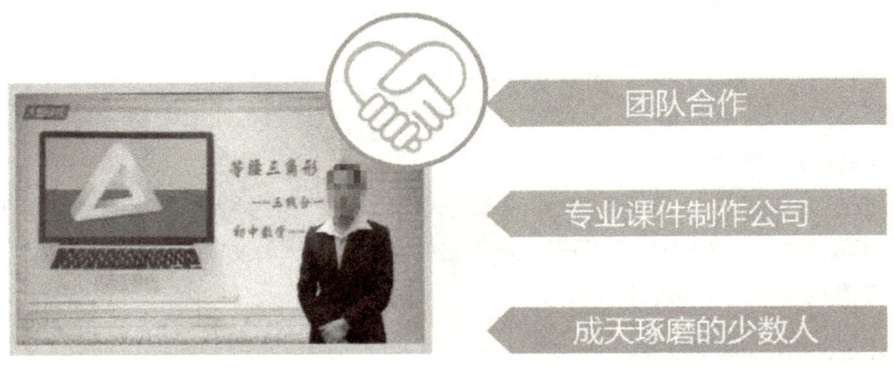

▲ 图 11-29　团队协作能力非常重要

第 12 章

如何制作一个受欢迎的课程

在线课程种类繁多，风格各异。有些课程极具吸引力，让学生受益颇多，使用后赞不绝口，并迫不及待地推荐给别人，而同时也有些课程的使用体验比较糟糕。课程教育参与者或设计者，只有了解课程内容的方方面面，才能在在线教育的道路上少走弯路。

12.1　课程开发的流程

12.1.1　影响课程质量的六大因素

1. 理念

理念，是指解决问题的具体思路，大多是以老师“教”为指导理念，但目前更重要的是以学生“学”为指导理念。指导理念上的不同，会造就不同质量的课程。

2. 团队

团队指开发课程的团队人员的结构和分工，如何合理高效地安排团队完成制作内容，也是课程制作的关键因素之一。

3. 创意设计

创意设计是课程制作最重要的一点 ，因为大部分的老师都采用传统教学模式，以固有的思维去教学生，创意比较匮乏。目前老师在教学过程中对视频、音频素材的使用缺乏创意，所以多数课程质量并不太高。只有在创意设计上下功夫，才能开发出高质量的课程。

4. 质量控制

质量控制，是指在较短的时间内，以相对较低的成本做出较优质的课程。如何控制课程的质量，也是在课程制作过程中重要的环节之一。

5. 技术水平

技术水平是指课程设计的一些技术指标，比如长宽比、分辨率、界面要素和码率大小等方面。

6. 成本控制

成本控制是在线教育从业者非常关心的。高质量课程成本往往比较高，单个微课的成本在 1 万元以上，而上万个课程才能形成一个较完整的体系。

由于中小学成体系课程的成本很高，而且内容更新多，因此中小学生领域的门槛较高。高质量的课程制作成本虽高，但由于质量的提升，其他人也难以跨入。

12.1.2　课程开发的流程

提到课程开发，很多人的第一反应就是录视频，特别是请名师录视频。他们往往认为货真价实的名师录课，或者直接录制名师的课堂，能够保证教学效果。

但是近十多年网校经验证明，课堂实录视频的教学效果不好，对学生的帮助很少，不具有商业化生存的条件。这又是为什么呢？这是因为传统课程和线上课程的外界条件、学生条件几乎完全不同，这种情况导致线下课堂的教学效果不能完全迁移到线上，从而导致教学失败。

事实上，传统课堂是一种动态课堂，世界上根本不存在一种完全按照教师的预设展开的课。苏联著名教育家苏霍姆林斯基说过："教育的技巧并不在于能预见到课堂的所有细节，而是在于根据当时的具体情况，巧妙地在学生不知不觉中做出相应的变动。"

但是线上课程是预定课程，难以快速适应当时的情况。换言之，真实课堂类似于小剧场，而线上课程类似于电视台，很多明星在小剧场的表演效果要远远好于电视台的表演效果，一般在电视台的表演需要进行专门准备。在线课程与面授课程的区别可参见表 12-1。

表 12-1　在线课程和面授课程的区别

维度	在线课程	线下课程
讲课内容	定制好的	随时变化
依据理论	个性化教学策略	班级教学策略
老师数量	多个老师	一个老师
学生反应	事先预判	临场观察
师生关系	相互之间较为了解	较为熟悉
上课环境	家、教室等	教室
课程目标	清晰	不清晰
同学关系	没有同学	有固定同学
学生学习水平	较为一致	差异较大
保存时间	永久保存	无法保存
最终产品	工业化产品	工艺品

通过表 12-1 我们可以看出，除了预制这个弱点以外，传统课堂，特别是中国式的传统课堂，即使学生对当前授课内容没有丝毫兴趣，由于班级纪律的约束，学生也不可能逃离课堂。由于线上课程可能会在网络环境下使用，网络课程失去了强制学习的条件，学生可能快速放弃课程并逃离授课环境，故用于网络自学的课程也要开发不同于课堂教学的互动策略和激励策略。

当然，线上课程的最大优点也在于可预制性和永久保存。它可以作为一种资源保存出来，并且可以反复利用，降低每节课的边际成本。另外，它由于采用了工业化的制作方式，从而极大程度节约了老师的时间和精力，在中国这种优秀教育资源缺乏的环境下具有重要的价值。

同传统课程老师可以随机应变不同，网络课程的互动依赖于预先设定的程序，因此课程的设计核心是固化预设与生成的关系。网络课程必须经历一定的设计，根据学生的学习情况判断学生可能存在的问题，并给出对应的解决办法。网络课程的教学设计就是依据某种教学思想或方法，针对教学目标，利用适当的技术或资源，通过策略性思考和安排对课程系统进行统筹。

网络课程的开发可以采用下面的步骤。

第一步是确定教学目标，确定教学目标有助于确定课程内容的大致范围。

第二步是确定教学形式，确定课程内容的展现方式和手段。

第三步是教学内容设计，确定课题内容的具体展现形式。

第四步是制作课程产品，根据第三步的脚本制作课程。

第五步是课程评价，即评估课程是否达到预期目的。

课程评价既是上一轮课程制作的结束，也是新一轮课程制作的开始。传统意义上讲究“慢工出细活”，而互联网产品的极致都是在快速迭代中产生的。通过上面的循环，我们可以开发出越来越好的课程（见图 12-1）。

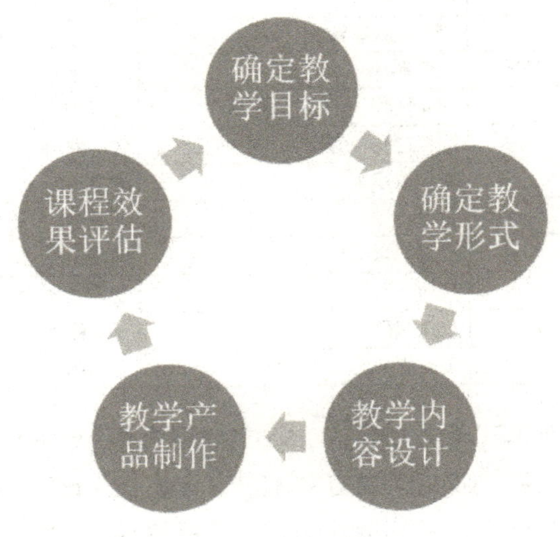

▲ 图 12-1　课程开发流程

一般来说，课程开发并非只是利用先进的计算机技术和互联网资源，还必须有有能力驾驭先进工具的老师参与。课程设计有一个误区，是大家在讨论到底是应该马拉车（教学方法引导技术应用），还是车拉马（技术应用引导教学方法）。现实的情况可能不是这么黑白分明。

显然，教学方法会让老师去寻找最为合适的技术，技术也在倒逼教学方法的革新。因此老师既需要了解教育学和心理学，还要了解一些新的技术，并具有一定的学科背景和分析能力。由于涉及各方面的内容，一个老师很难完整地制作出整个课程。一般来说，一个课程小组至少包括学科教师、教学设计师、界面设计师（美工）等人员，因此应该发挥教育团队合作精神，集思广益，取长补短。

12.2 教学目标的设定

12.2.1 教育目标的意义

俗话说，凡事预则立，不预则废。在课程设计中，首先要研究教学目标，这不仅有利于课程内容的具体设计，还有利于做好课程评价评估工作。教学目标的通俗含义是“你期待课程结束之后，学生们学会什么？”教学目标要在教学内容之前确定出来，是为了防止自证预言式的开发方法，或者不同老师在对教学内容产生分歧的时候没有办法消除分歧。

在以“学生为中心”的教学中，教学研究和设计要围绕着学生展开，因此为了制定教学目标，首先应该研究学生，即要对学生的学习需求进行分析。学生的学习需求主要包含两方面的意义，一类是外在需求，即外界要求学生需要完成的学习任务；另一类是学生的内在需求，即学生自身对自己学习结果的预测或者预估。

外在学习需求是外界（教育部门、家长、企业等）对学生的要求。对于应试培训而言，中高考的考试标准是制定单元目标的重要参考依据。对于职业培训而言，企业对人员的素质要求则是制定单元目标的重要参考依据。

12.2.2 如何确定课程单元目标

大纲或标准往往针对的是单元目标（或者模块目标），而每节课的内容往往远远小于单元内容，因此我们还要把单元目标分割成课时目标。确定和拆分单元目标是确定课时目标的两大任务。

单元目标常常指的是一个单元学习结束以后学生应该掌握的内容。单元目标往往来自于教学大纲或者考试大纲。一般来说，大纲和标准的内容比较抽象和概括，往往用较为晦涩的语言表示，因此每个老师的解读往往并不相同。我们可以采用一种反向设计（Backward Design）的方法，例如把历年高考真题和较高质量的模拟题先于教学目标列出来，这样做以后不同的老师对于要达到什么目标，怎样才算达到目标（测评方式）就有了共同的评判标准。

确定了单元目标以后，我们还要确定课时目标。单元目标到课时目标，可以采用先分解后组合的方式。首先我们把模块目标分解成知识点，然后再把这些知识点组合成一个个课时任务。这些知识点显然不是随机分配到某一课时中，把相互之间关联性强的知识点放到一个课时中（见图 12-2）。课时目标是单元目标的细化，但是还要注意大目标是小目标的有机组合，学生是通过小目标的组合来完成大目标的。单元目标的拆分需要有效处理内容的体系化和碎片化的关系，知识点与知识点之间的逻辑是否清晰，内容处理是否得当都非常重要。

▲ 图 12-2 课时目标的产生

制定课时目标时，一定要注意课时目标实现的可能性。网络课程面临的学生群体之间学习水平的差异度远大于同一学校的学生。在这点意义上，对于基础较差的学生，各知识点的教学目标不一定都要达到最高层次。通常课时目标定在学生最新发展区内，即能促进学生作出努力并且经过努力能够达到的层次要求。较高层次的教学目标一般由低到高，分阶段、有计划地实现。或者说，要在起点和最高目标之间设立若干必要的中间目标，要从学生的实际情况出发，为高层次教学目标的实现设计合理的台阶和步骤（见图 12-3）。

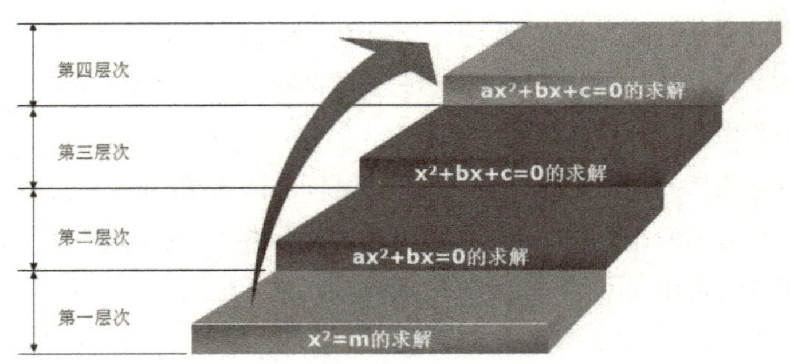

▲ 图 12-3 求解一元二次方程的台阶或步骤

此外，为了满足分层教学的需要，课程目标不仅包括课程所要达到的效果，还应该说明进入此课程的条件。传统课堂，如果说老师隐含假定学生是零起点，那么对于网络课程，就要假设学生是 X 起点，而且 X 意味着什么，要在教学目标设计中体现出来。因此，在制定教学目标时，要注意因材施教，针对不同的学生制定不同的目标。

明确学习目标，还是学生形成学习动机的主要基础。因此，学习目标需要对学生公开。当然，阐述学习目标也有一定的技巧。

12.3 课程呈现形式的确定

12.3.1 确定呈现形式的原则

在选择课程的表现形式时，可考虑下面的一些原则。

1. 有效原则

能清晰向学生传达相关的教学信息，达到教学目标。

2. 方便原则

便于制作、使用、控制和维护，节约时间和人力。

3. 经济原则

制作、使用和维护时花费的物力和财力较少，有利于大规模制作。

12.3.2 常见课程形式

1. 课程的常见形式

课程的主要形式是影像内容和音频内容。影像内容可以采取老师黑板板书，老师手写板书，幻灯内容播放，幻灯播放加手写，或者完全使用 Flash 课件等形式（见表 12-2）。

音频内容可以采取老师原音以及后期配音等形式。在需要老师手写的课程中，手写板是一个重要的工具。由于通常需要使用技术手段对课程进行后期制作，老师原音可以采用老师自己配音的形式，也可请专职配音员配音。

表 12-2　各种形式课程的对比

对比维度	老师黑板板书	老师手写板书	幻灯内容播放	幻灯播放加手写	Flash 课件
主要形式	老师在黑板（或白班）板书	老师手写板书	播放预制 PPT 文稿	播放 PPT 文稿，并手写补充	Flash 内容
录制形式	录像机	录屏软件	录屏软件	录屏软件	Flash 制作软件
教师出镜	教师出镜	教师不出镜	教师不出镜	教师不出镜	教师不出镜
设计重点	老师临场反应	内容呈现顺序	内容呈现顺序	内容呈现顺序	内容与动画的结合
示例	题谷网	可汗学院			鲨鱼公园

续表

对比维度	老师黑板板书	老师手写板书	幻灯内容播放	幻灯播放加手写	Flash 课件
主要优点	与学生上课环境高度类似	有上课感觉，专注度高	可多人制作，视频语音同步录制	课程易制作，且改进速度快	可多人制作，展现集体备课成果
主要缺点	教师状态起伏大，后制难度大，无关信息多	手写速度比语音慢，需对视频进行后期加速	幻灯制作的动画需求大，对幻灯片制作要求高	需要同步手写和语音	耗费成本高，且与上课环境差别大
成片价格	较低	较低	中等	中等	较高

2. 教师头像的作用

目前有一些研究表明，如果在视频中加入教师讲课头像，那么这个视频将会得到更多的关注，特别是对于较长时间的视频而言。也许教师头像在某种教学情景下也是一种重要的学习资源，由于中国学生受传统的班级教学影响深刻，学生更会觉得没有头像的课就没有老师的现场感和亲切感，也没有监督，自主学习能力会减弱，学习一段时间后容易分神。

当然，使用录屏软件录制的视频也可以加入教师头像。一种可行的方案是把头像嵌入视频一角，即画中画的形式，但前提是那一角特意留出来，头像不会遮挡该看到的课件内容。或者教师头像可以在片头片尾出现，中间偶尔出现，重要内容时可以出现，小结时也可以出现。

适当增加老师动态头像意味着增加了前期制作和后期制作的难度，所以在考虑经济性的前提下可以参考使用。

12.3.3 如何制作有吸引力的课程

1. 教师应努力营造学习氛围

由于大多数学生是独自观看网络视频，一对一授课氛围与坐在计算机前的学生所处的学习环境最为契合，很容易让学生产生一种亲切感。一对一学习没有传统课堂的讨论交流环节，学生直接与学习内容或讲解操作过程交互，因此课堂设计呈现一定的特点。比如老师提出问题之后，必须有回答环节，做到前后呼应。如果需要引入新的知识时，要利用学生已经掌握的知识作为起点，减少不熟悉的知识对学生学习带来的压力。

此外，教师也要运用语言营造一对一的氛围，比如用“你”而不是“你们”，用“我们”而不是“大家”。有些老师课程开头第一句话总是“同学们，大家好”，通常在这一刻学生就会感觉到一种诡异的氛围。课程设计者要注意语言环境，一定要“讲人话”，哪怕讲些俏皮话也无所谓。这种朋友般的代入感，应该越真实越好。

因为学生比较容易放弃学习，所以课程设计时教师要充分考虑吸引学生的注意力。界面设计必须要能给学习者带来视觉冲击，吸引学习者的参与热情。如果视觉效果不好，即使是再优质的内容，学习者很可能会看都不看一眼，这就是现实。

采用图文并茂的界面，要比单纯文字堆积的界面，更能提高学生的学习兴趣。尽量减少文字，或者重要步骤用特殊颜色标记出来，能取得更好的教学效果（见表12-3）。

表12-3　好的影像设计和差的影像设计对比

对比维度	好的影像设计	差的影像设计
图文设计	图文并茂	以文字为主
内容设计	重点突出	所有内容混杂在一起
色彩设计	色彩较多且和谐	色彩单一或者太多

2. 教师使用的语言

此外，教师所使用的语言要富有感染力，感染力更能打动学生，让他更加专注于听课之中。除了声音清晰之外，教师越热情，甚至是激情，越能吸引学生。不说废话，不要机械重复，也不要有太多“嗯”“啊”等口头语，因为这些话都会降低语言的感染力。一般来说，抑扬顿挫的语调或者稍微快一点的语速也可以增加课程的吸引力（见表12-4）。

表12-4　好的语言设计和差的语言设计对比

对比维度	好的语言设计	差的语言设计
语调	语调有变化，抑扬顿挫	语调平稳，缺乏生气
音调	语言有特色	标准普通话
口头语	无口头语或较少口头语	口头语较多

3. 适当的时长

课程时长给学习者体验也会带来影响，因此，课程时长也是课程设计者需要考虑的一个重要因素。从理论上来说，过长或者过短的课程都不合适。但是目前的研究并不能表明多长时间的视频是最合适的。

可汗学院的视频常常不超过7分钟，但是有些MOOC的视频长达30分钟。课程时长和学生的认知负荷密切相关。一个结构良好的视频，其时间可以稍长。当一个课程设计的支线过多，学生不易理解消化，再短的视频也会引起学生的反感。每一个老师都应该明白，课程的意义不在于你准备讲多少知识给学生，而在于学生能从课程中获得多少知识。

4. 考虑互动

课程的设计还要考虑到设计互动方式。跟传统课堂培训相比，在线学习缺少了面对面的交流互动，但是计算机技术和网络提供了包括评论、点赞、问答等功能的互动交流，也会很大程度上带动整个课程与学生间的交互感。课程设计者在设计课程时，也要考虑到利用这些较为新颖的互动功能，带动学生的参与感。

12.4 课程内容的设计

12.4.1 知识分类与课程设计

现代认知心理学家安德森等人从知识获得的心理加工过程的特质与特点的角度出发，将知识分为两类：一类是陈述性知识，另一类是程序性知识。陈述性知识是关于事物及其关系的知识，或者说是关于“是什么”的知识，陈述性知识的教学目标主要是培养学生回忆知识的能力。

程序性知识是关于完成某项任务的行为或操作步骤的知识，或者说是关于“如何做”的知识。程序性知识有固定的步骤，一旦步骤正确地执行，其结果是可以准确地预料的。而程序性知识的教学目标是培养学生依照程序顺利完成某项活动的行动能力。

1. 陈述性知识的教学策略

（1）表象呈现的策略。表象呈现策略就是将言语形式的知识转化成视觉形式或图画形式的知识。陈述性知识讲解可以通过声光电等因素把内容呈现出来，例如利用实物图片呈现化学物质的颜色，利用实验录像呈现化学实验现象。

（2）促进注意的策略。老师需要对重点内容进行强调，使用画线、圈出重点或者语调变化可以促进陈述性知识的理解和保持。

（3）恰当复习的策略。教师应有意识地教会学生恰当地安排学习时间，并在学习中按记忆规律安排复习内容和复习时间。

进入长时记忆中的任何信息不是孤立存在的，陈述性知识也是以命题网络或图式表征来体现的。促进命题网络的形成的方法是包含类比、比较和聚类。类比是指依据两个或者两类对象之间在某些属性上的相同或者相似所作出的一种类推。比如讲解负数引入海拔、借钱等具体事例类比，可以迅速抓住问题的实质。

比较也是阐述概念性知识的一种好方法。比较是将两种或者两种以上易混淆的相关对象进行对比分析，解释其实质。比如我们比较含氧化合物和氧化物的概念，有利于理解氧化物的实质。

聚类也叫归类，是指按照指示的特征和归属对知识进行组织。聚类有利于将新旧知识相互联系，构成一个整体，形成一个结构。如图 12-4 所示。

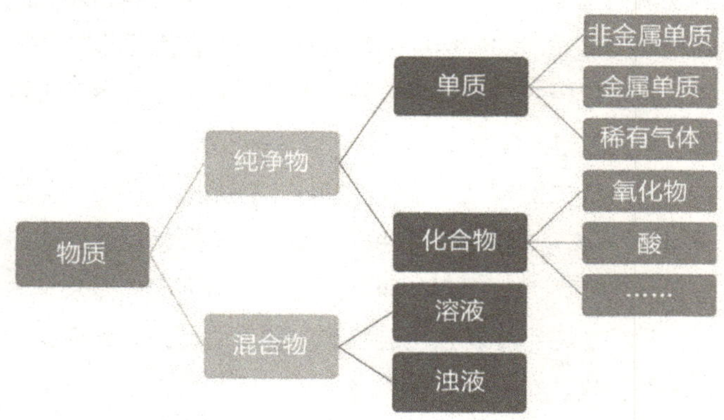

▲ 图 12-4 物质分类图——网络化各种物质种类

抽象性知识的讲解可采用举例的方法。举例是说明概念的重要方法，并且举出正理和反例来给出概念的界限。如果是这种知识，我们在学习的时候，应该通过“举例”的方法来教学。例如我们在讲述整数概念的时候，我们不仅要举出 -1、2、0 属于整数，还要说明 3.1、1/2、1/3 不属于整数。

2. 程序性知识的教学策略

程序性知识也称产生式知识，是一种以“如果 / 那么”形式编码的“条件—行动”规则。程序性知识也包含陈述性知识，这些陈述性知识可以理解成程序所需的条件、方法、步骤、策略等的陈述形式。当然，并非所有的陈述性知识都能转化为程序性知识，如国家、省份、山脉、河流的名称、位置等只能作为符号的知识或事实的知识在长时记忆中保持下来，是不能转化为程序性知识的。可以转化为程序性知识的陈述性知识主要是指原理性与规律性的知识。

程序性知识的教学可以分成四步，总结成步骤就是“What→Why→How→When”。What 就是讲述程序性知识的陈述形式，How 就是讲述程序性知识的步骤信息，Why 是解释程序性知识的原因，When 是指何时使用陈述性知识（见图 12-5）。

▲ 图 12-5 程序性知识的讲解步骤

学生掌握了“What → why → how”的知识，但这时还不能以行为的方式表现出来。这时学生所获得的程序性知识属于静态知识。要想实现静态知识向动态知识的转化，学生必须明晰程序性知识的应用条件才能知道何时使用程序性知识，也就是学会条件认知。条件认知也称模式识别，是按照一定的规则（或步骤）去辨别或识别某种对象或情景，看它是否能与该程序模式的条件模式相匹配。

有意识地扩大条件的关键特征，不仅能加深学生印象，还能提高模式识别能力。关键特征一定是某一程序模式区别于其他程序模式的本质特征。比如错位相减法的条件特征包括：①数列求和；②数列存在通项公式；③数列通项可表示为一个等差通项与一个等比通项的乘积。特征③就是错位相减法的本质特征。利用类比、比较和聚类也可以提高模式识别能力。

程序性知识的运用一般是通过示例或者例题来完成的。大部分情况下解题程序并非固定的，而是一组有不同“决策点”的流程。教师应提供适当的变式练习，对不同决策点的分析帮助学生建立模式识别的能力，让学生把静态的知识转化为动态的技能。教师设计的变式练习可以由提供与学习情境相似的问题情境，逐渐演变为与原先学习情境完全不同的多种新情境，以便让学生熟知程序性知识适用的各种不同条件。

策略性知识和学科思想方法也属于程序性知识，由于它们包含较多的内隐知识，对培养能力起着决定性的作用。但是由于策略性知识和学科思想方法是问题解决能力的一种形式，只是学习者实践经验积累的副产品，并不是一般意义上的教学所能教会的。因此很难适合单独讲解，老师们在具体知识讲解中，需要常常渗入具体的学科教学思想。

12.4.2 练习环节的设计

练习是课程的重要组成部分，练习不但应该帮助学生掌握、巩固、发展所学知识技能，而且应该提供改进课程所需要的反馈信息。此外，练习是完成教学目标的一个步骤，它和网络题库的定位并不相同。还要和视频内容相对应，并服从和服务教学目标的需要。

按照考查知识类别的不同，练习可分为两类：重现性练习和扩展性练习。重现性练习主要是针对陈述性知识，编制此类题目的时候，可以采用要求复述、默写或者填空等形式。这类练习可以帮助学生记忆一定的知识，但是有时候这种练习只处在机械模仿的水平，学生的思维活动往往很少，因此这种练习不宜过多。扩展性练习就是我们日常所理解的练习，针对的是程序性知识，通过这种练习可以使程序性知识进一步内化。

近十多年来，有一类比较新颖和特殊的题目——新情景或者称新信息题越来越多地出现。这类题具有阅读和问题两个部分，阅读部分提供若干新知识、新信息，说明情景和条件，进行提示甚至示范等，问题部分要求通过认知探究活动得出解答，这类题目有很多优点，值得重视。

按照使用时间不同，练习又可以分成两类：巩固性练习和复习性练习。巩固性练习一般在视频结束时或者进行中进行，以加强知识记忆，发展知识能力为主。复习性练习一般在课程结束后一段时间，以强化原先练习的成果为主。根据学习遗忘的规律，及时组织练习，让学生习惯用新知识技能解决问题，可以阻止和减慢新知识的遗忘。

传统课堂的练习往往没有答案，学生做完练习之后，老师判断对错。而网络课程的练习不仅给出参考答案，还应该给出比较详细的解析和思路。学生做完题目之后，可以通过观察答案对自己的学习过程进行评价，而题目结果也可以提供给老师，供老师进行进一步的分析。

12.4.3 线上和线下课程的对接

在课程设计中，还要考虑线上课程和线下课程的对接。由于大部分课程，特别是 K12 课程，教学都是在线下完成的，因此要充分考虑线下课程对线上的影响。为了学生能够轻松地判断出是否应该学习该线上课程，可以给课程加上简单的介绍。

如果线上课程前面有测试题检测学生的学习状态，课程无疑能更加高效地增加学习效率。同理，如果线下老师需要，线上课程生成的相关数据可以供线下的老师使用，这些数据也有助于提高线下课程的效率。

12.5 课程的开发与评价

12.5.1 课程质量监督的重要性

课程的设计方案相当于施工图，但光有图还不行，还要进行施工。一般来说，由于课程的制作需要多个人的协作，因此必须严格按照施工流程去做。而且在课程的制作过程中，随时进行质量监督，要强化过程监控，即及时评价，及时纠错，及时引导。

质量控制和检验可以保证课程制作的质量，但是这种方法难以评价课程设计的质量。传统课堂主要依靠专家打分来评价课程的质量，但是课程的质量评估主要是通过学习效果评估来评价课程的质量。很多人可能忽略“谁来评价”，但是这种评价标准是课程设计的原点。在它确定之后，设计的坐标系统才能确定下来。而如果没有它，就无法正确定位课程质量，因为老师和学生的看法可能千差万别。

12.5.2 课程的评价

在课程中，我们可以通过问卷、打分或者点赞的方式让学生来评价一门课程。学生主动完成这种评价，能够直观反映出学生的直观感受。但是这种评价易受外界环境的影响，往往只是体现出各种因素的综合影响，或者反映出学生对课程表现形式的意见，难以给出各设计因素的具体影响。课程的评价如图 12-6 所示。

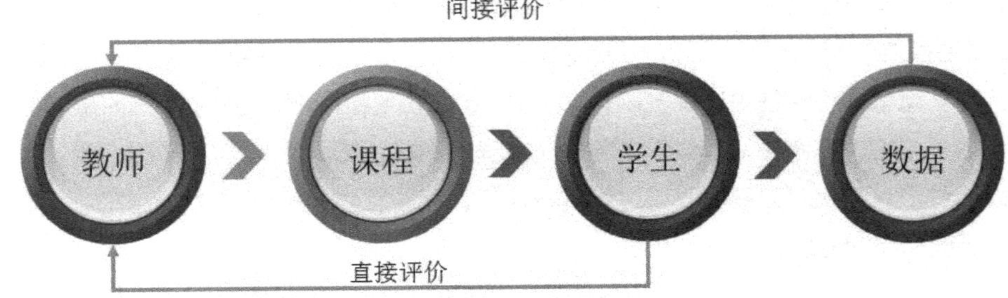

▲ 图 12-6 课程的评价

在课程中，我们还可以通过检测并分析具体数据来分析课程设计的好坏。这种评价可能是学生在无意识中完成的，因此评价得到的数据更能客观地反映出教学设计的优缺点。由于计算机的自动化水平很高，这种被动评价可以同时监测多种学习数据，从而避免某些数据的测量误差（见表 12-5）。

表 12-5 监测数据的数据分析

监测数据	可能原因
观看时间	课程的吸引力大小
观看次数	课程讲授难度 / 视频吸引力
暂停位置	课程讲授清晰度
习题错误率	课程讲授的质量 / 题目难度
错误选项	错误概念成因
学习时间	学习动机强弱
单题做题时间	知识熟练度

有了数据监测和数据分析技术，我们可以通过 A/B 测试直接测定各因素对教学效果的影响。使用 A/B 测试首先需要建立一个测试课程，这个课程可能在页面设计、教师语言、习题顺序方面与原有课程有所不同，然后将这两个课程以随机的方式推送给学生使用。接下来分别统计两个课程的教学效果，即可清晰地了解到两种课程设计的优劣。

教育环境的设计、教育实验场景的布置，教育时空的变化、学习场景的变革，教育管理数据的采集和决策，这些过去靠拍脑袋或者理念灵感加经验的东西，现在变成一种数据支撑的行为科学。

教育将继经济学之后，不再是一个靠理念和经验传承的社会科学和靠道德良心的学科。大数据时代的教育，将变成一门实实在在的实证科学，因此，课程的优劣，可以在大数据时代得到验证。

第 13 章

手把手教你做慕课

近些年，国内外的慕课平台正在悄然崛起，慕课平台提供了历史、文化、科学、艺术等多方面的免费课程，受到广大学生或从业者的喜爱。那么，什么样的慕课才能被大众所喜爱，慕课又该如何制作？在本章，作者将带领你一起学习制作慕课。

13.1 慕课的教学设计

13.1.1 了解慕课

1. 慕课的概念

慕课，是 MOOC（Massive Open Online Courses，大规模网络开放课程）的中文译名（见图 13-1）。慕课有多种分类，有基于行为主义的以知识传授为主的慕课，有基于关联主义的以建立连通和社交网络为核心的慕课，还有其他类型的慕课。目前最流行的还是基于行为主义的慕课。本章讨论的也主要是行为主义的慕课，因为其他类型的慕课还没有成熟的模式，暂不讨论。

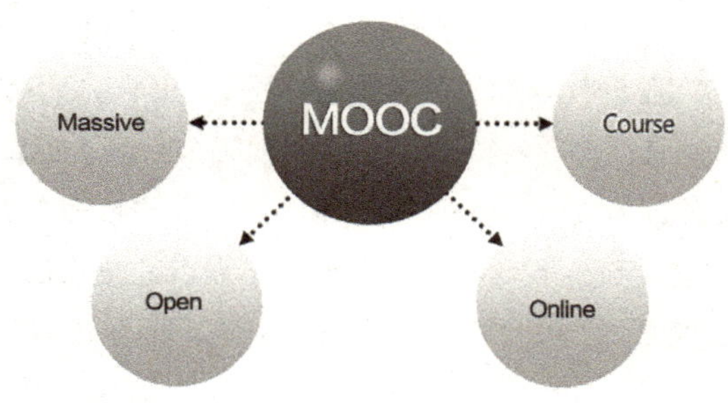

▲ 图 13-1 MOOC 课程结构

2. 慕课与网络课程、视频公开课、微课等的异同

网络课程是一个大的概念，可以涵盖慕课和视频公开课。网络课程是由网络课程资源和网络课程活动两部分组成的，传统的网络课程大都是放在某个校园网或局域网上的，是为学校或特定机构的教学服务的，需要专门注册登录才能进入。一般学校内的网络课程，大都是辅助课堂教学的；而在远程教育系统，则以独立形式存在为主。

慕课也包含资源和活动两部分，因而也属于网络课程的范畴。不过，它具有某些与传统网络课程不一样的特点。

一是它的开放性。慕课的平台一般是基于互联网而不是某个局域网的，对全体大众开放，不仅仅限于某个学校或机构的正式学习者，无需缴费也可以学习。当然，如果你想要进入课程的核心领域或获得学分和证书，则仍需缴费。开放性还体现在课程建设或活动组织方面。人人都可以为慕课提供学习资源和话题，都可以参与各种学习交流活动。

二是它的规模较大。传统的网络课程学习者人数往往不多，以正式学习者为主；

慕课则学习人数动辄几千上万，除了正式学习者之外，也包含各种“打酱油”的临时学习者，慕课是来者不拒。

三是它的灵活性。传统的网络课程一般由学校课程移植而来，强调学科和专业的系统性、逻辑性，其视频课件往往参照课堂教学形式录制，长度一般较长。慕课在内容和形式方面要开放得多，慕课的内容不仅限于传统的学科和专业，更贴近学习者的生活和需求，更注重综合性、普适性、生成性，更重视学习过程中的互动而不是灌输，其视频形式一般也短小精悍，向微课程靠拢。慕课的评价方式也更灵活多元，比如更多地引入同伴互评等。

视频公开课，只是一种公开的网络视频资源，一般不包括学习活动在内，大都以独立形式存在，不提供学分和证书。而慕课除了提供教学视频之外，还像大多数网络课程一样，有开课和课程结束时间，提供其他的学习资源，布置作业，组织在线交流和讨论，对学生的作业进行评价，组织考试，甚至颁发学习证书和给予学分。

微课是为了适应网络时代学习碎片化需要，围绕一个小知识点制作的，时间限制在 20 分钟以下（大都在 5-15 分钟范围内）的视频公开课。尽管有论者强调微课也要有学习活动，比如在视频后附上一些练习题、测验题或教案之类，但在实际中作用不大，学习者往往只看视频而不看其他，互动性不强。慕课的教学视频也有微课化倾向，即由一系列微课构成，时间控制在 20 分钟以内。但慕课以其知识连续性、课程规模等区别于微课。

3. 慕课的变种——私播课

慕课由于规模大，学生人数众多，给教师与学生的互动交流带了巨大的工作量，批改作业、个别指导、考试监督等都非常困难；由于没有入学门槛，任何人都可以来学，学习者水平参差不齐，动机不一，因此中途辍学率很高，完成率很低。因此，有人又提出一种改良的新模式，英文名为 Small Private Online Courses，缩写为 SPOC，中文名译为私播课。相对慕课而言，它有两方面改变：一是学习者人数有限制，一般在几十人到数百人之内；二是开放度减少，对入学者有一定要求，达到要求者方可学习。这样避免了上述慕课中存在的一些问题。在实践中，SPOC 往往与大学校内的课程学习互相配合。

13.1.2 慕课的基本分析

1. 学前分析

学前分析是教学设计的第一个重要环节，包括教的分析与学的分析两大方面。教的分析包括社会需求分析、教学内容分析、教学人员特征分析、现有教学条件分析等；

学的分析包括学习者学习动机分析、兴趣爱好分析、起点水平分析、认知风格分析、学习条件分析等。

除了一般的要求外，慕课的学前分析一定要重视网络课程与传统课堂教学的不同，不能照搬传统课堂教学的模式。网络课程与面对面课程最大的不同在于教师和学生、学生和学生、学生与资源都处于分离的状态，中间通过一个“机器”作为中介，这个机器就是网络和终端设备的代名词。于是教学内容这个要素被资源所替代和涵盖，而教学方法这个要素更多地转变为教师与学生、学生与学生、学生与资源之间借助机器互动的方法和策略。具体来说，应该注意下面几点。

（1）慕课的学习者大多是在校大学生，但也有中学生、已工作的成年人等，层次参差不齐，动机不一，学习习惯、学习风格差别很大，学习时间趋于碎片化；私播课可以对学习者进行一定的筛选限制，相对平均一点。

（2）慕课的学习高度依赖网络和终端，尤其是移动终端设备，如 iPAD、手机、平板电脑等。网络分有线、无线两种，无线又分为 Wi-Fi 上网和手机流量上网两种。

（3）由于学习者大都以个别学习的方式来学习慕课，容易产生孤独感，因此，线上线下的交流互动对他们很重要。

2. 目标设计

在学前分析的基础上，应该对一门慕课的教与学目标进行初步的确定。教的目标是指教师对课程最终结果的期望，学习目标是学习者对课程学习结果的期望，在慕课的学习中，这两者很可能有不一致之处。慕课的学习者除了部分是为了获得证书和学分之外，更多的有较强的个人意愿，希望通过课程学习到自己想要的东西，而不一定都会按照老师的希望那样去行动。因此，教师在设计课程目标时，一定要充分考虑到这一点，在教的目标与学的目标之间找到一种平衡。

3. 策略设计

慕课的教学策略主要分为教学资源建设策略、教学活动策略、教学流程设计三大部分。

（1）教学资源建设策略

① 资源类型

教学资源中最重要的是视频资源，其次是课件、文本、工具、素材资源等。

慕课的教学视频应选择优秀的教师来录制，内容应该选择重点、难点和连接点，教师在视频中可以露面，也可以不露面，一切以内容需要来确定。

视频一定要清晰、流畅，节奏恰到好处，以突出教学效果、有效沟通为原则，而不要故意炫耀技巧、花里胡哨。

风格以简洁为上，应该尽可能去除一切与内容传递、有效沟通无关的冗余信息，降低学习者的认知负荷。

慕课视频最好能支持手机播放，时间不宜太长，最多不超过20分钟一节，以5~15分钟为佳。

要配上字幕，同时提供文字稿本，以供不同习惯的学习者选择。

课件、工具、文本、素材等资源应提供上传和下载功能。

② 平台模块

慕课的平台模块，要根据平台的类型而定。一般应包含以下几大模块。

第一，课程通知；

第二，教师信息；

第三，教学视频；

第四，学习资源；

第五，讨论区；

第六，作业提交与成绩公布；

第七，自测习题库；

第八，个人作品展示；

第九，意见建议；

第十，相关链接。

（2）教学活动策略

慕课的教学活动中最重要的是如何开展在线练习、小组协作、作业评改、交流讨论、互动答疑等活动，线下的活动只能作为补充。

如果是局限在校内的私播课，则可以与校内的面对面教学相结合，采用翻转课堂的教学模式，即学生在课外通过网络课程资源自主学习，课上则进行讨论、交流、练习、辅导等活动。

慕课平台应该提供尽可能多的交流、互动、展示工具，也可以借助社交网络平台开展互动。

由于慕课的学习人数众多，不可能仅依靠主讲教师来互动，必须按照一定的比例配备助教，助教可以由青年教师和研究生担任，也可选拔优秀的学习者或已修过该门慕课的结业者担任。如何对助教团队进行管理、分工、考评与奖励，需要依据具体情况不断探索。

（3）教学流程设计

一门慕课分为开课前的准备阶段、教学实施阶段和评价总结阶段三个部分。

开课前的准备阶段需要做大量工作，除了要做好课程设计、录制教学视频、在平台上开设课程之外，还要进行招募学习者的宣传，组织好教学团队及技术支持团队。宣传活动一般应提前数月甚至半年进行。

教学实施阶段时间一般不宜太长，应比传统的学期为短，一般控制在两三个月内为宜，时间过长容易引起倦怠，增加辍学率。教学视频的发布一般以周为单位，每周发布一到数段短视频，同时提供教师精选过的学习资源、作业练习、讨论问题、自测试题等。按照课程内容体系由易到难、循序渐进。

4. 评价设计

慕课的教学评价可采用多种形式。教学评价包括对学习者的评价和对课程教学本身的评价两部分。

（1）对学习者的评价

慕课学习者的学习成绩主要由平时成绩与最后考核两大部分构成。平时成绩所占比例应该比传统课堂教学中要大。

平时成绩由平时作业和练习完成情况、讨论交流表现等方面评定，最后考核由标准化考试或 / 和提交论文作品构成。

作业的评改可以有机改（即计算机系统自动评卷）、教师和助教评改以及学员之间的互评等多种方式。其中学员之间的互评是一种解决大规模评卷困难的常见方式。主讲教师和助教应事前制定好评价量规、范例、评分标准等，在合适的时候发给学员，以利于互评活动的顺利进行。同一个学员的作业和练习应接受 2~3 名同学的评价，每个学员一般要评价 2~3 名其他同学的作业和练习。主讲教师和助教应通过多种方式对互评活动进行指导、培训、检查和监督。

对于需要获得学习证书和学分的学习者，最后考核非常重要，无论是现场考核或在线考核，都必须保证是学习者本人参加，以保证学分和证书发放的权威性。证书可分为电子证书和纸质证书两种形式。

（2）对课程教学效果的评价

对课程的评价可根据平台提供的学习者学习活动的各种数据、对学习者的问卷调查与深度访谈以及网络和社会对课程的各种反映等多种形式进行。对课程教学本身的评价有利于新一轮慕课开课时做出必要的改进与调整。

13.2 MOOC 具体视频制作

13.2.1 研究背景

目前 Coursera、edX 和 Udacity 三大 MOOC 平台提供的课程中，视频是学习的核心内容，许多学生需要花费大量时间来观看视频。统计表明，没有通过考试但至少看过一半视频的学生占比与通过考试的学生占比相当。相应地，对教师而言，视频也成为传授知识的核心环节要素，一门课程通常由几十到上百个视频组成，在制作过程中教师需要投入大量的时间和精力。已有研究表明，精致的在线学习视频能够让知识更具吸引力，从而产生更好的学习效果。

随着 MOOC 课程数量越来越多，视频的表现形式也越来越多样化。从 Coursera 和 edX 平台中随机选取北京大学、清华大学、上海交通大学、麻省理工学院、伯克利音乐学院、澳大利亚国立大学、京都大学等 10 所大学的 56 门课程，并对其视频类型进行分类统计后，了解到演播室录制的视频占 44.6%，用录屏软件录制的视频占 30.4%，课堂实录式占 12%，实地拍摄式占 3.5%，可汗学院式占 3%。

不同表现形式的视频需要不同的制作方法，所需投入的时间和人力也不一样。

1. 演播室录制式

演播室录制式对制作技术的要求较高（如使用绿幕抠屏技术）。这种视频制作方法的时间成本、人力成本、沟通成本、金钱成本也都较高。例如，与摄像人员的沟通、对环境的适应，以及预约演播室和摄像人员等，都需要时间。由于演播室环境以及制作方法的不同，最终所呈现出的视频样式也差别很大。根据制作的复杂程度不同，演播室录制视频所需的投入和产出的时间比处于 8 ： 1~100 ： 1 之间。换言之，暂且不算教师前期的准备，制作一个时长为 1 小时的视频成品，需要花 8~100 小时的工作时间。在人员投入方面，则需要一名专业摄像人员和至少一名后期编辑人员。

2. 录屏式

录屏式是指利用录屏软件将教师讲课的 MOOC 视频全程录制下来的方式。与此同时用计算机自带（或外置）的摄像头录制教师形象。视频呈现以 PPT 为主，以教师影像为辅，有些只有 PPT 画面和教师声音。这种形式的视频制作最为简单，教师可以独自完成录制，后期编辑既可以自己完成，也可以找一名助教协助完成。整个制作过程投入和产出的时间比处于 4 ： 1~8 ： 1 之间。录屏式的视频形式多用在理工科课程中，在随机选择的 56 门 MOOC 课程中，有 17 门课程选择了录屏式，而这 17 门课程中有 14 门是理工类课程。

3. 课堂实录式

课堂实录式视频制作的优势在于上课形式不变，教师没有太大的心理压力，也不需要占用教师其他时间专门录制课程。后期制作只需考虑教师和 PPT 之间的镜头切换及内容剪辑。这种视频制作方式所需的投入和产出的时间比处于 5 ： 1~10 ： 1 之间；人员投入方面，除了主讲教师外，还需要一名摄像人员和一名后期制作人员。有的教师对自己所讲课程的视频制作要求较高，要求采用多机位拍摄，如教室全景、教师中景、学生镜头、PPT 镜头等各安排一台摄像机全程拍摄。这种方式固然能为后期制作带来更多可能性，但将所有机位的素材进行整理所需的工作量极大，同时需要更高配置的计算机来对这些庞大的素材进行处理。此外，有研究表明由于 MOOC 的教学特点跟传统课堂不完全一样，因此教师还要对教学设计进行适当的调整。

4. 可汗学院式

可汗学院式已成为数学教学的典型视频制作形式。MOOC 不断发展，基于最初的可汗学院风格又衍生出一些不完全相同的形式，比如使用传统的纸和笔，并出现教师的手，如图 13-2 所示。这种视频形式的优点是教师书写更方便，学生也感到更亲切，但不足之处是教师的手可能会遮挡文字内容。Udacity 拥有一项专利，即将手做成半透明的样式，这就解决了手对内容的遮挡问题，具体如图 13-2 所示。

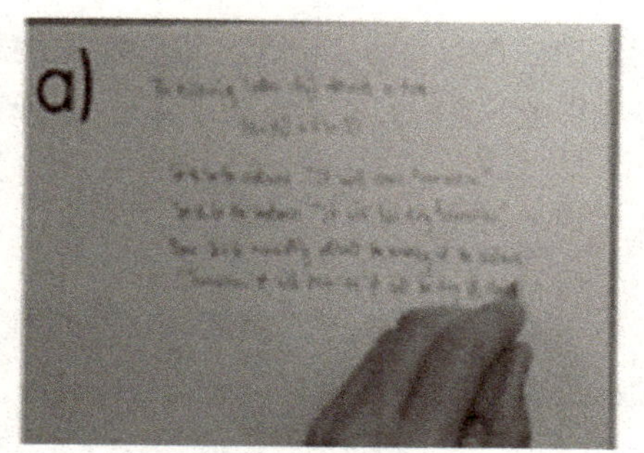

▲ 图 13-2　可汗学院视频形式

除此之外，MOOC 视频还有其他一些制作方法。例如实地拍摄式，一般选择的拍摄地点与课程内容联系紧密，但因为成本比较高，所以目前使用得并不多。还有一些学科（如医学、生物等），由于学科性质的特殊性会选择在实验室进行录课。有的课程也会采用会议室讨论式，或者对专家进行采访的形式。

总之，在线教育视频呈现形式多种多样且各具特点，而且不同教师对视频形式的偏好并不相同，以及不同学科适宜采取的视频形式也不同，因此很难去判定哪种形式最好，而应综合考虑各种因素后，做出最佳选择方案。

尽管不同的视频制作方法各有特点，但降低 MOOC 视频制作的门槛，形成一套简单高效的视频制作方法，仍对 MOOC 的发展和教育的改变具有重要意义。

虽然录屏式视频制作方法是目前最容易的视频制作方式，但仍有教师反映面对摄像头讲课有一定的心理压力，一边翻 PPT，一边兼顾镜头效果，也让教师感到手忙脚乱。因此，有一部分教师选择“不出镜”，即只有 PPT 和主讲教师的声音，不录教师影像或者录了也不合成到视频中。即使有时教师愿意出镜，但由于录制的感觉不好（如一直不看镜头，出错率高等），后期编辑时也只能选择放弃教师影像而只保留声音。然而，相关研究表明：有教师出镜的视频比单纯录制 PPT，更能吸引学生。

随着技术的进步尤其是非专业摄像设备的发展与普及，MOOC 视频制作逐渐摆脱演播室的限制而走向平民化成为可能。所谓平民化，就是"十分容易"，既不浪费钱，也不太费事，还喜闻乐见，都是大家愿意去做的事情。

13.2.2 一种 MOOC 视频制作的平民化方法

录屏式视频制作方法由于操作简单、制作效率高，而赢得了许多教师的青睐。随着 MOOC 视频制作成本的大大降低，将会有更多教师加入到 MOOC 课程的制作中，并将 MOOC 用于提高他们的教学工作效率。

为了实现 MOOC 视频制作平民化，可以从录制配置环境个人化和制作流程简单化两个方面进行探索。换言之，教师不再需要去专业演播室录课，而是可以根据自己的时间来灵活地进行 MOOC 视频录制。如果能达到这样一种状态，那么在线教学活动在教育中的应用就可能蔚然成风。

1. 配置环境个人化

所谓配置环境个人化是指教师在家或办公室就可以拥有一个制作 MOOC 视频的环境，而不需要用到价格昂贵的专业设备。录制视频的环境如图 13-2 所示：一台 MacAir 笔记本电脑（硬件）+iMovie（软件）。为了便于观看，可以外接一个较大尺寸的显示器。

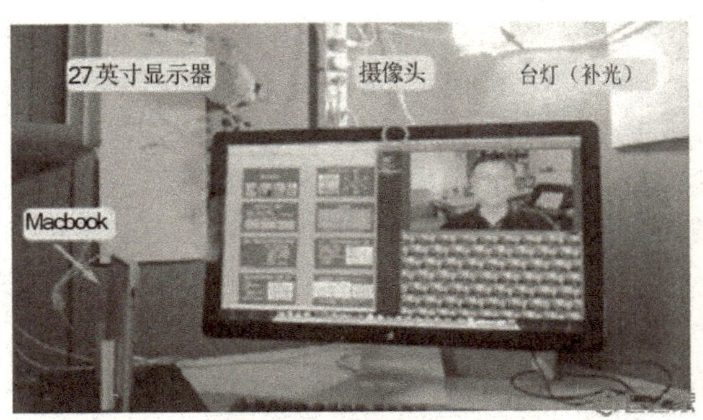

▲ 图 13-3 视频录制个人化环境

录制 MOOC 视频所需要的硬件设备在日常工作中已经普遍使用。例如，师生人手一台计算机，其自带的摄像头可以录像，麦克风可以采集音频，也可以使用外置的、家用级别的摄像头和麦克风来采集视频和音频。制作 MOOC 视频的软件需要具备录像、录屏幕、后期编辑等功能。Camtasia Studio、Microsoft Expression Encoder、Screencast-O-Matic 和 Adobe Captivate 等软件都同时具备上述功能。其中，Adobe Captivate 的功能非常强大，但比较难学，适合于专业人士；Microsoft Expression Encoder 可以同步录屏录摄像头，而且可以免费使用，具备基本的编辑功能，但相较于 Camtasia Studio 较弱，且仅有 Windows 版；Camtasia Studio 和 Screencast-O-Matic 是两款比较推荐的软件。在配置环境的过程中，也可以根据需要，选择多款软件进行搭配，各取所长。例如，使用 iMovie 和 Quicktime 进行录像，使用 Camtasia Studio 和 Microsoft Expression Encoder 进行录屏，使用 iMovie、Adobe Premiere 和 Final Cut 等进行后期编辑。总之，软硬件的搭配可以根据个人的需要和偏好进行灵活选择。

2. 制作流程简单化

MOOC 视频制作的流程相对比较简单，从编写 PPT 到最后输出视频总共分为 6 步（见图 13-4）：① 编写 PPT；② 写讲稿，并在讲稿上标注 PPT 的翻页和动画点；③ 基于讲稿录教师讲解视频；④ 听视频录 PPT 播放过程；⑤ 两路视频合成；⑥ 输出结果视频。

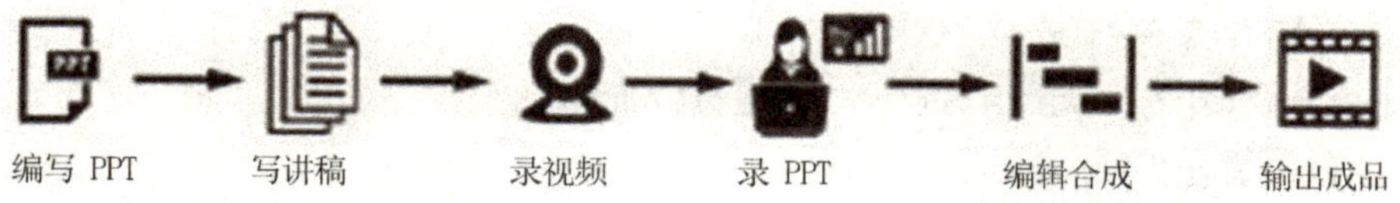

▲ 图 13-4 视频制作流程

需要说明的是，前三步需要由主讲教师完成，教师首先要做好 PPT 和讲课用的讲稿，然后基于讲稿录制讲课视频。后三步交给后期编辑人员完成，后期编辑人员可以利用教师的讲稿和教师影像视频，得到 PPT 播放视频，然后将影像视频和 PPT 播放视频编辑合成，最后输出得到视频成品。

13.2.3 MOOC 视频制作平民化方法的探索

北京大学“人群与网络”课程是北大首批推出的 MOOC 课程之一，由李晓明、邱泽奇和王卫红担任主讲教师。该课程的讲解主要依赖 PPT 上的视觉信息（如文字、图像等），教师偶尔也会在 PPT 上详细写出一些推导过程。三位主讲教师都采用录屏式的制作方法，保持了视频风格的统一。“人群与网络”课程于 2013 年 10 月首次在 Coursera 平台上开课，2014 年 9 月在 edX 平台上再次开课。与首次开课相比，第二次开课时对课程视频进行了一定的修订。

视频作为一种传播知识的媒介，在教学、技能培养、提供视觉体验等方面具有独特的优势。提高视频质量，同时降低制作成本对于一门 MOOC 课程具有重要意义。制作“人群与网络”教学视频的过程，经历了从视频 1.0 版本到 2.0 版本的改善。

1.1.0 版本：同步录屏的制作方式

所谓同步录屏是指主讲教师录制影像与录制 PPT 同时进行，这也是目前录屏式 MOOC 视频常用的制作方法。“人群与网络”课程视频的 1.0 版本即是这样制作的：主讲教师一边操作 PPT，一边讲解知识，偶尔兼顾镜头的录像效果，则可同时得到教师影像和 PPT 播放两路视频。后期编辑时保留教师状态较好的镜头，并将教师影像和 PPT 进行合成。

图 13-5 是北京大学为教师开设 MOOC 提供的视频制作环境。需要的硬件设备包括：一台高性能的台式电脑，外接一块 Wacom 手绘板、Cisco 摄像头、无线麦克风。具体的制作流程如下。

（1）主讲教师将 PPT 复制到公用计算机中；

（2）在 PPT 中启动 Camtasia Studio 8.0（使用的软件）；

（3）播放 PPT 讲课；

（4）结束 PPT 放映，保存文件；

（5）运用 Camtasia Studio 8.0 进行后期编辑；

（6）输出视频。

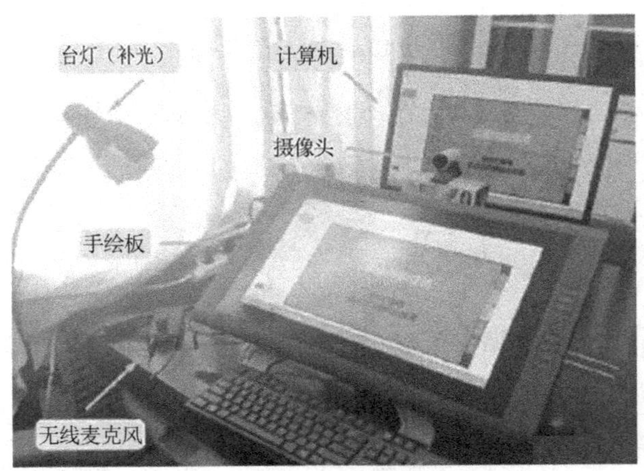

▲ 图 13-5　北京大学录屏式视频制作设备

教师可通过手绘板操作 PPT 的播放，同时在 PPT 上进行写画；外置的摄像头可

第四部分　运营推广

酒香也怕巷子深

第 14 章

好产品得让大家知道

一个好的教育产品是学生们的福音，但产品好不好不是开发者说了算，而是学生说了算。一个好产品需要让大家都知道，无人知晓的产品做得再好也失去了它的价值。那么，如何让你产品被大家知道？在本章，作者将带你学习产品推广常识。

14.1 产品推广综述

14.1.1 产品推广简介

推广，顾名思义即是将自身想要传达的东西推送出去并广泛地传播。谈到推广，一般在营销界就推广的目的将推广分为品牌推广和产品推广。品牌推广就是将公司的名称、企业愿景、企业价值观等文化层面的东西传达出去让更多的人知晓。产品推广就是将企业设计研发或生产制造的产品传达给有需求或有潜在需求的人并最终实现形成销售盈利的目的。

推广这个概念可能是近半个世纪才有的，但推广的行为却早已有之。远到战国时期，不见一兵一卒只见一个“秦”字伴随千军万马的铁蹄之声在山头的背面升起。近到每晚开车从武昌回汉口，未过长江大桥就远远地看见龟山电视塔上“稻花香”三字滚动着。古时军队的战旗，今时轰炸机上的国家标志。古时酒楼的招牌，今时酒店楼顶的品牌灯饰。古时江湖所发的英雄帖，今时网页广告的弹窗。无论是行军打仗还是开店营业，无论是生产制造还是教育辅导，推广被应用在我们生活的方方面面，可以说一个没有推广行为的营利性机构是无法生存的。

最早，信息的传播方式有限，推广的方式只能是近距离的招牌，后来有了纸，一个酒楼的美味被写到书本上传到千里之外。到了近代有了电子设备，推广信息出现在了电视广告上、收音机的电台里。现在进入了互联网时代，各种形式的推广信息遍布于我们浏览的网页和手机 App。信息推广工具越来越发达，信息传播的速度也越来越快，信息传播的影响力也越来越广。

如今，无论是近距离的招牌还是户外广告，无论是见于杂志的纸面广告还是电视上的视频广告，无论是 PC 端的网页广告还是 App 端的推送广告，从纸媒到网媒，从硬媒到软媒，从地面推广到网络推广，推广方式越来越精准，但传统的推广方式并没有消亡。所有的推广方式都在被今天的市场营销者使用着，产品推广行为遍及我们生活的每一个角落。

14.1.2 产品推广的重要性

产品推广即将产品信息推送出去让更多的人知道，一个不被人了解的产品哪怕研发制造得再好也只是自我欣赏而已，在商业性质上是没有意义的。一个普通人都希望有更多的人认识自己，这是人的本能。一个产品的生厂企业都希望有更多的人了解自己的产品，这是企业的本能。每个企业家都清楚产品被研发制造出来后需要推广，一个推广力度不足的产品是不具备市场竞争力的。简单的推广行为是为了让更多的人知晓，规模化的推广更多的是因为面临愈演愈烈的竞争，在这样的形势下，产品推广也变得越来越重要。

1. 行业竞争

当今信息科技发展一日千里，移动互联网的到来给我们的生活带来了不可思议的变化，伴随着迅猛的科技发展，商业竞争愈发激烈。不仅是传统的制造业、酒店业、运输业、餐饮业等面临着激烈竞争，新生的互联网行业所面临的竞争也是有过之而无不及，尤其是当今的“互联网+”的竞争。每个行业的领导者都在开动着自己的宣传机器大力地传播着自己的品牌、产品和服务，在产品同等价值的情况下，推广力度不足就会面临被打压的局面。在教育行业，不管是K12领域还是职业教育领域，每个领域都面临着一大批的竞争者。

2. 跨界竞争

新型的互联网思维和日新月异的互联网科技正在颠覆着传统的商业模式，新一代的创业者正在用他们的互联网思维渗透各个领域，那些互联网的巨头们从一个领域跨入另一个领域。免费的杀毒软件淘汰了收费的，免费的语音电话直接打劫了通信运营商的饭碗，移动端的打车软件令整个交通行业发生质的变化。各个领域的企业家们不仅需要面对同行业的竞争，更需要意识到跨界竞争。在教育行业，新生的在线真人一对一正在淘汰着传统的线下培训机构。你不肯跨界，就有人跨界来打劫你的市场；你不重视跨界者，你的产业就会被跨界者所蚕食。

3. 变革竞争

移动互联网的发展给这个时代带来了前所未有的变革，变的不仅是我们看得到的生活方式，更多的是新的思维方式创造出的商业模式。上门购物变成了网上购物，上门用餐变成了网上订餐。以前打车只能在路边等待，现在打车直接在手机上一键搞定。以前只能向熟人借钱，现在陌生人之间也可以借钱。以前常抱怨自己老师水平不行，现在坐在计算机前就可以享受全国名校的老师讲课。各个行业都面临着变革，你来不及变革就会被变革者赶超，你只肯守着自以为规模庞大的产业不肯求变，就只能面对被淘汰出局的下场。

14.1.3 推广方式的分类

推广行为无所不在，推广方式纷繁复杂。拨开层层云雾，推广方式可以从推广的媒介、推广的性质、推广的终端等方面进行分类。

推广工作中，在推广模式上可以将推广分为线上推广和线下推广。随着互联网的发展，线上推广所占的比例会越来越大。线上推广又可以划分为搜索推广、公众号推广、定向广告投放、社交圈推广和社区推广五类。而线下推广可以划分为电视广告、报纸杂志广告、户外广告、地推、路演、会议营销、口碑营销七类（见图 14-1）。

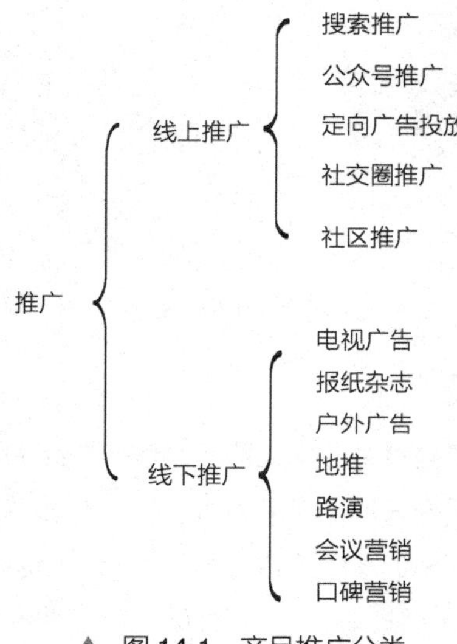

▲ 图 14-1 产品推广分类

14.1.4 目标人群的捕捉

1. 用户与客户

对于资深从业者来讲，产品的目标用户和产品的目标客户是两个不同的概念（见图 14-2）。一般来讲，产品的目标用户与产品的目标客户一致，但也有部分行业的产品用户和产品客户并不是同一群体。产品目标用户的判定是一项产品研发工作，产品的目标客户判定是一项营销工作。产品的目标用户判定必须始于研发之前，一个未设定目标用户就研发出来的产品是没有意义的。产品目标客户的判定允许在产品研发之后。

在线教育领域，很多产品的目标用户和目标客户就并非同一群体。例如，在 K12 教育领域，学生缺乏购买的经济能力，产品是否被购买取决于他们父母的意愿。在企业培训领域，培训的接收者是员工，是否采用该项培训要看企业领导人是否认同。通常是这些产品的用户不具备购买能力，购买的行为是由它的监护人或者管理者发起的。这些需要从产品的性质、用户的年龄、经济状况等多个层面去思考。

▲ 图 14-2 用户与客户关系

2. 产品推广以用户为先

在产品推广上，推广所面对的目标人群同时包含产品的目标用户和产品的目标客户，一方面需要使产品的价值获得用户的认可，另一方面也需要通过一系列的销售行为打动产品的客户促使他埋单。两个取舍之间应当以目标用户为先，无法取得用户认可的产品再多的销售行为也是徒劳。不同的产品、不同的推广方式所设定的推广目标不同。

例如婴儿使用的产品，推广的目标肯定是其家长，因为婴儿不具备判别产品价值的意识。一款小学生使用的产品，如果采取线下推广的方式，一般选择的是学生和家长同时出现的场所，此时的推广工作所面向的目标就是用户和客户两者。一方面要吸引小孩子的目光使其对产品产生兴趣，另一方面要打动孩子的家长促成购买力。如果采取的是线上推广，上网冲浪的家长数量要远大于小学生。这时只需要锁定推广目标为家长即可。

3. 精准是推广的核心

不同的领域，产品的目标用户和目标客户不同。不同的产品用户群体（见图 14-3），不同的推广方式，所设定的推广目标不同。这需要从各个层次去细致分析。就互联网的发展趋势来看，未来线上推广工作的重要性要远大于线下推广，一些线下的推广方式可能会被淘汰。产品推广的从业者须紧跟时代步伐，使用最精准、最有效、最快捷、最实惠的推广方式将产品的价值传达出去并促成销售，这是需要不断去学习的工作。

▲ 图 14-3 不同类型的用户

14.2 产品线上推广

自从李克强总理 2015 年 3 月在政府工作报告中提出“互联网 +”行动计划以来，中国的“互联网 +”进入全面蓬勃发展期。互联网 + 金融，互联网 + 医疗，互联网 + 交通等获得空前发展，互联网 + 教育也迎来了有史以来最大的投资浪潮。不论是衣食住行、购物旅行、家政美容还是教育培训都步入了互联网行列，全民进入互联网经济时代。手机、平板、计算机作为大众在线获取信息资讯和寻求问题解决方案的入口，同时也成为企业通过互联网展现企业品牌和产品的平台。

中国互联网络信息中心（CNNIC）发布的第 36 次《中国互联网络发展状况统计报告》显示，截至 2015 年 6 月底，中国网民数达 6.68 亿，互联网普及率达 48.8%；手机网民数为 5.94 亿，手机作为网民主要上网终端的趋势进一步显现。

云计算和大数据科技的发展使得互联网与用户之间的关系越来越紧密，从用户的角度上讲就是他们获取的网络信息越来越接近于他们需要的，从企业的角度来讲就是企业在网络上投放的广告越来越精准地到达有需求的客户面前。网络推广在企业未来的营销活动中发挥的作用将越来越大，但短期内线下推广仍会发挥着不可或缺的作用。

14.2.1 搜索引擎推广

当初人们从网上获得信息的方式主要通过门户网站，中国三大门户网站——搜狐、网易、新浪都是门户时代崛起的佼佼者。后来，人们网络的参与度越来越高，获取信息速度慢的缺点导致门户网站无法满足广大网民的需求。搜索引擎的出现大大提高了信息获取的速度，直到今天仍是大多数网民上网冲浪的主要入口之一。

搜索引擎是基于用户主动表达需求行为而为之提供解决方案的入口，它也为企业与消费者之间构建了一座表达需求和满足需求的价值交换的桥梁。基于消费者使用搜索引擎主动表达需求的特性，搜索引擎营销在网络营销中发挥的作用非常强，搜索引擎推广也是企业首选的产品线上推广方式。

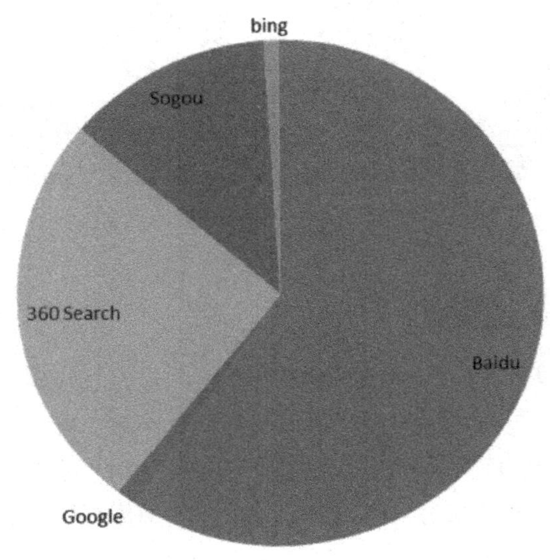

▲ 图 14-4 常规搜索引擎中国市场占比分布图

图 14-4 是 2014 年国内搜索引擎市场占有率比例图，自称全球最大的中文搜索引擎的百度遥遥领先占据第一位，360 搜索、搜狗分别居于第二、三位置。国外的 Google、ing 分别列第四、第五位。下面以百度为例简要说明搜索引擎推广的过程。

1．搜索引擎推广原理

搜索引擎推广由企业推广账户作为平台，关键词与创意是构成引擎搜索推广的两大要素。关键词是账户中企业针对自己的品牌或产品所设置的用户在搜索行为中可能会提交的词汇或问题。创意是企业根据用户所检索的内容所设置的简要答案，同时作为搜索用户进入企业网站的入口。当用户在搜索框中提交所查找内容的关键词后，搜索系统会自动去检索所有企业账户中的该关键词，并将关键词与同一推广单元下的创意进行匹配，以排名的方式将创意展示在搜索结果中。如图 14-5 所示。

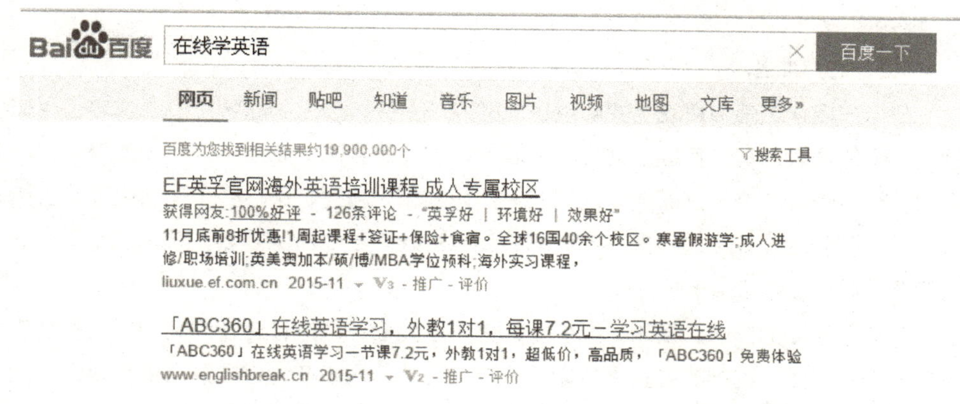

▲ 图 14-5　搜索引擎推广展现案例

账户中单个创意由标题、描述、链接三部分构成，创意在搜索结果中展现时从上到下依次是创意标题、创意描述、创意链接（创意展示的链接最好与账户的域名一致）。展示结果后加“V”表示认证，“推广”表示这是付费推广的信息。

2. 账户申请

在开始百度搜索推广之前需要向百度提交推广账户开通申请（360、搜狗亦如此）。推广工作人员只需在百度推广在线申请页中填写相关信息。如图 14-6 所示。

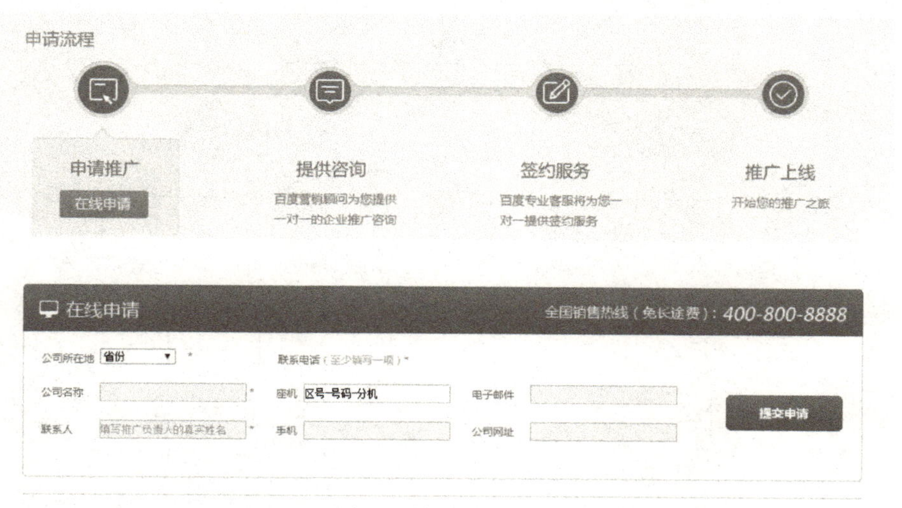

▲ 图 14-6　搜索推广申请

一般申请信息提交一周内，当地百度代理商会主动联系你并随之签订合同。后期会指定专业的百度推广人员作为推广顾问，长期提供推广咨询服务。

3. 账户搭建

（1）账户准备

在账户搭建之前，首先需要明确企业的推广目的，是为了品牌宣传还是为了产品销售，还是两者都有。其次是推广的地区是本地还是全国，以及推广的预算是多少。再次，目标受众的群体是哪些，他们的生活习惯和兴趣爱好是什么，从而更好地去撰写关键词和创意，并使之能够在合适的时间内被检索到。最后需要了解竞争对手，这与后期的账户优化息息相关。

了解了企业的需求和要求，推广工作人员才能合理地进行企业网站的建设和推广账户的搭建。企业网站的主页需要紧贴推广的目的，用户在通过搜索结果创意进入企业网站时，主页能有足够的吸引力使之停留而不是让其关闭。同时需要对推广地区和推广时段进行控制，从而节约成本，尽量使得有限的资金投入能创造更多的价值。

（2）账户搭建

百度推广的账户结构如图 14-7 所示，一个账户下有多个推广计划，一个推广计划下有多个推广单元，一个推广单元下可以有多个关键词。账户与推广计划之间、推广计划与推广单元之间、推广单元与关键词 / 创意之间属于从属关系，关键词与创意之间属于匹配关系。

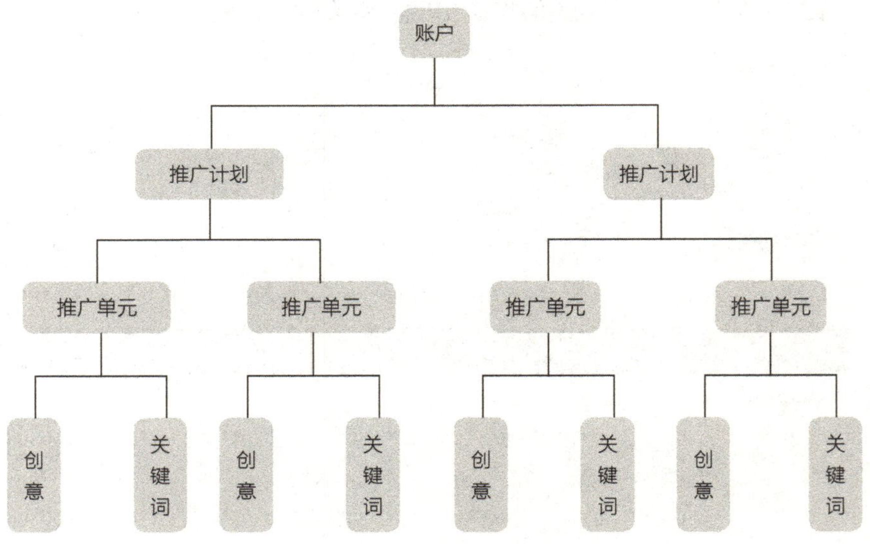

▲ 图 14-7　百度推广账户框架图

为了便于账户能有更好的表现以及后期的账户管理，关键词需要进行分组管理，一般分为品牌词、产品词、通用词、竞品词、活动词。关键词的分组主要使用“推广单元”的名称来体现。

4. 账户优化

企业搜索推广的目标就是为了能使更多有需求的人可以检索到自己的品牌或产品，一方面能够使用户形成良好的记忆，另一方面通过与用户沟通达成合作或销售。在推广营销中，对于推广的转化效果有一个漏斗模型。正常的推广效果如图 14-8 所示。展现量、点击量、访问量、咨询量、销售量呈逐级均匀递减的趋势，上一级的表现决定了下一级的表现。

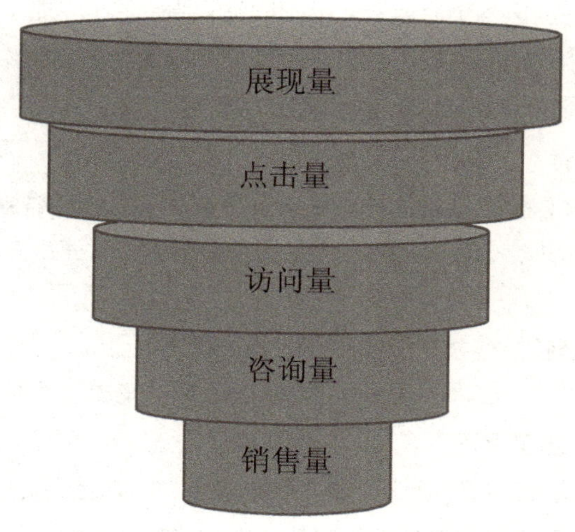

▲ 图 14-8 账户表现漏斗模型

（1）展现量优化

展现量作为流量的入口，是创意在搜索结果中所展示的次数。如果从展现量开始数据就很低，有两种原因，一是推广的时间段被检索的次数过少，这需要去分析潜在用户的生活习惯进行调整。二是因为搜索推广的排名很低。搜索排名的计算公式为：

排名 = 质量度 X 出价

由公式可得，搜索推广的排名与质量度和出价成正比关系。质量度指的是整个推广账户的优劣品质，与账户的结构、关键词的设置、创意是否通顺、创意与关键词的匹配方式有关。出价是企业愿意为所购买的关键词给出的最高点击价格。出价只有大于或等于最低展现价格，关键词和匹配的创意才能被展现出来。最低展现价格与关键词的质量度和关键词的商业价值有关。搜索排名是搜索营销中最重要也是最难的工作。

（2）点击量优化

点击量指搜索展现的结果被点击的次数。如果展现量正常，从点击量开始大幅衰减，说明创意的文案平淡无法激起用户点击的兴趣，需要对创意进行优化。

（3）访问量优化

如果数据从访问量开始大幅衰减，说明用户在点击创意时网页载入的速度过于缓慢使得访问者失去耐心而关闭，或者网页在初步载入时用户发现页面的内容与创意相关性太低从而关闭。对于前者需要与网站建设者共同去查找原因；对于后者需要对网页进行改进，综合去考虑网站首页与所有创意的相关度。

（4）咨询量优化

咨询量指用户在浏览网页后所发起的与网站客服沟通的次数。如果数据从咨询量开始大幅衰减，说明网页的体验不好，或者用户在网页上未找到想要的信息，或者网页的描述与展现的创意不符。需要调整网页的设计和文案。

（5）销售量优化

销售量指用户在咨询后达成的成交量，销售量偏低可能与客服人员的表达有关，也有可能与产品的功能、价格、售后等诸多因素有关，需要从多方面去综合考虑并调整。

账户的申请和搭建是搜索推广中初期的较为容易的工作，而账户优化是一个需要长期去观察和总结的工作。账户优化也是考察一个推广工作人员能力的要素。

2014 年百度推出了手机百度，大力进军移动搜索市场。2015 年手机百度相继推出图片输入、语音输入、智能机器人等尖端搜索技术。截止到 2015 年第三季度，百度移动端搜索的月活跃用户已达 6.43 亿，移动搜索的流量占整个百度搜索流量的 64%。搜索推广从业人员可逐渐将搜索目标向移动端转移，账户操作时只需将投放端口改成移动端即可。

14.2.2 公众号推广

公众号是腾讯公司推出的开放性移动媒体平台，任何组织或个人都可以借用该平台成为广受关注的媒体品牌。2012 年腾讯推出微信公众平台，一经面世就受到众多互联网公司热捧，成为了企业与用户沟通的移动端渠道。后来其他类型企业、政办单位、公众服务组织也都纷纷加入了微信公众平台，公众号用户蓬勃增长。后来微信公众平台又陆续推出了微信支付、微信开发者平台，微场景、微商店、微网站、微客服、微活动等适用于各行各业的个性化功能被开发出来。基于微信海量的用户，微信公众号已进入我们生活的每一个角落。2015 年腾讯推出了 QQ 公众平台，功能与微信公众号平台相似，暂不对外开放。现以微信公众号为例说明公众号推广的方式及要点。

1. 公众号类型的选择

微信公众号分为订阅号、服务号、企业号（见图 14-9）。订阅号主要是以向用户传达行业资讯，宣传企业品牌为主。服务号主要以用户服务和产品销售为主，更偏向于功能性服务。企业号用于企业内部沟通连接。

▲ 图 14-9 微信公众号的类型

目前，绝大部分的在线教育企业在推广时更多偏向于向用户传达企业品牌和产品价值。建议这类企业使用订阅号，可以每天对外推送消息，在积累粉丝上速度很快，是一个与用户沟通的良好媒体平台。少部分做课程资源类的在线教育企业如果更多偏向于课程的在线销售可以选择使用服务号，基于服务号的支付和客服功能，用户可以使用微信在线付款，同时可以与企业的微信客服人员交流达成良好的产品购买体验。另外，服务号推送的消息位于微信的消息列表中，被用户阅读的概率要远高于被收藏起来的订阅号，服务号在产品销售上具有天然优势。

2. 公众号菜单的设置

微信公众号消息页底部可以设置三个一级菜单，每个一级菜单下可以设置五个二级菜单。底部菜单一方面可以作为企业传达品牌价值的入口，另一方面可以进行第三方开发，构建微网站、微商城、微生活等一系列移动站点的入口。

（1）订阅号

如果是品牌宣传导向类的在线教育企业的订阅号，左菜单建议作为企业简介、创始人简介、企业文化等企业品牌文化类的入口。中菜单可以设置为聚集行业经典知识和干货类平台的入口。右菜单可以设置为互动社区、留言板等与粉丝互动平台的入口。如图 14-10 所示。

（2）服务号

如果是产品销售导向类的在线教育企业的服务号，左菜单同样建议作为企业简介、创始人简介、企业文化等企业品牌文化类的入口。中菜单设置为产品展示和购买的微商城的入口。右菜单作为用户个人中心、课程订单等用户信息类的入口。如图 14-11 所示。

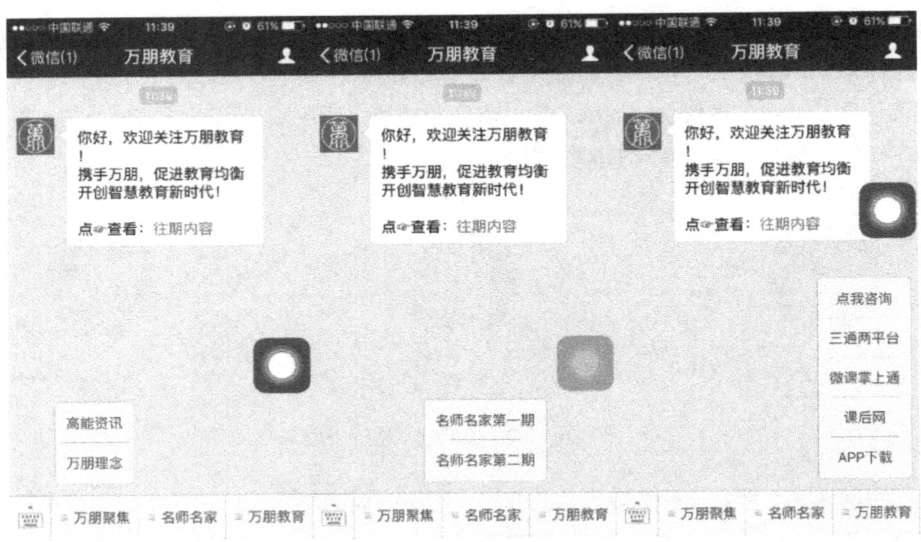

▲ 图 14-10 订阅号菜单示例

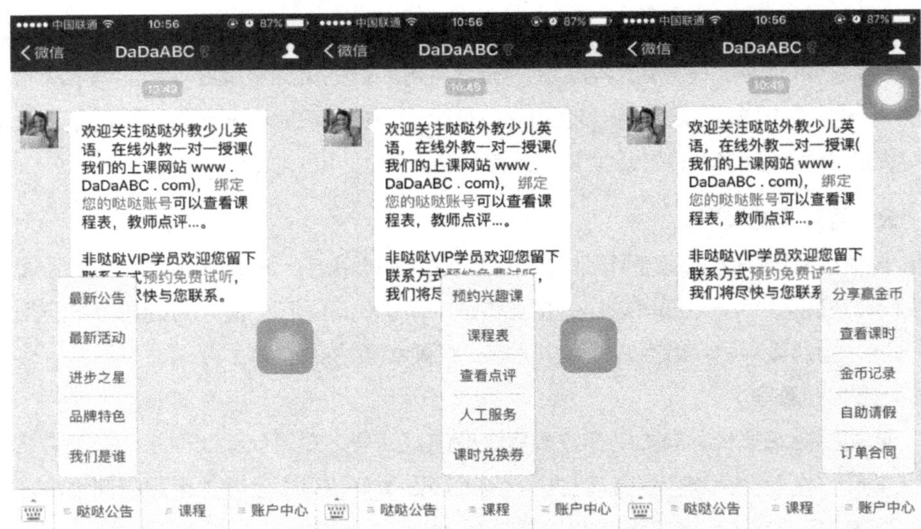

▲ 图 14-11 服务号菜单示例

3. 新媒体运营

目前互联网营销界所称的“新媒体运营”就是指的微信公众号的运营。随着微信公众号成为越来越多企业用来进行互联网营销的工具，企业对新媒体运营人才的要求越来越高。不仅要求运营者会写品牌营销类软文，同时还需要能及时把握互联网和社会热点，以最快的速度进行事件营销。新媒体运营是一门营销推广学问，也是一项需要历尽千辛万苦的工作。

（1）内容运营

在内容运营上，首先对于订阅号来说需要每天推送内容，对于服务号来说每周需要推广内容。建议推送的内容不低于 6 篇图文消息，如果是坚持原创内容的公众号，可选择每天推送一篇文章（说明：坚持原创内容的公众号可在持续发表原创内容并有一定活跃度的一段时间后，向微信官方申请开通评论功能）。

在文章内容上需要根据目标粉丝的兴趣去选择，如果目标粉丝是家长，应该选择国家教育政策、如何教育和培养孩子、如何与孩子沟通等内容。如果目标粉丝是大学生，应多选择一些网络热门事件、出国留学或旅行咨询类、文艺小清新类文章。

在文章标题上，可以采取归纳总结、揭秘盘点类的攻略性标题，也可以采取紧跟社会新闻事件做出尖锐评论的标题，也可以选择追随热播剧、网络热门语录的标题，还可以选择能勾起粉丝兴趣或与粉丝产生情感共鸣的标题。

（2）用户运营

在用户运营上，一方面要结合用户增长曲线和文章的阅读数、转发数等数据，精准把握用户兴趣。另一方面需要与公众号的种子用户保持互动，让种子用户可以拓展出更多用户。

对于开通评论功能的公众号，运营者需要及时将精彩的评论展示在文章下方，多与评论者进行良性互动，使这部分粉丝更加活跃并成为忠实粉丝，同是忠实粉丝可以吸引更多的新粉丝。对于给予赞赏的粉丝，可以深入沟通，他们是最有可能从粉丝转为客户的人群。

在微信公众号开通初期，企业可以举办一些线上或线下的活动去吸粉。线上可以采取转发积攒送礼的模式，线下可以选择关注直接送小礼品的活动。还可以选择与其他公众号互推或者直接让微信大 V 做账号推荐。另外，还可以在企业官网做公众号关注推荐，利用官网的流量为公众号导流。

（3）活动运营

企业可以举办一些线上或线下的活动去吸粉。线上可以采取转发积攒送礼的模式，线下可以选择关注直接送小礼品的活动。还可以选择与其他公众号互推或者直接让微信大 V 做账号推荐。另外，还可以在企业官网做公众号关注推荐，利用官网的流量为公众号导流。

比如，一家做英语培训的企业，可以在公众号做一个用字母拼单词的小游戏，游戏通关后可以分享到朋友圈获得课程优惠券，提示用户去 PC 端或者下载 APP 注册登录使用该优惠券。一方面社交分享可以吸引新的公众号粉丝，另一方面注册使用优惠券的方式吸纳了新用户，对于需求更强烈的用户更可以促成课程销售。

（4）运营工具

内容排版工具：135 编辑器、HOMYi、秀米、秀多多、点点客。

图片搜集工具：昵图网、千图网、花瓣网、堆糖网、狐图网（GIF 动图）

图文混排工具：Photoshop、illustrator、CorelDRAW。

原文阅读 H5 页制作工具：XPLO 互动大师、云起初页、兔展、易企秀。

用户数据收集表单工具：麦客、金数据、问卷网、问卷星。

14.2.3 定向广告投放

定向广告，就是根据用户的地域、职业、兴趣爱好等特性筛选出潜在需要的目标受众向其推送恰到好处的广告。体现在互联网上就是通过网民在网页浏览、网络购物、视频观赏等网络活动足迹，运用定向技术锁定目标受众。在企业投放广告时通过用户画像上的地域、年龄、职业、收入、喜好等标签准确地将广告投放给目标受众。

在互联网的定向广告上，有以网页浏览行为为代表的的百度网盟、搜狗联盟、新浪扶翼；有以社交行为为代表的腾讯广点通。由于百度在搜索引擎领域占据绝大部分市场份额，而腾讯的 QQ、微信几乎占据社交连接市场的全部，目前基于网盟的搜索浏览行为的定向推广，绝大多数公司选择百度网盟；基于社交行为的定向推广，绝大多数公司都是使用广点通。现以百度网盟和广点通为例对比说明两者特性。

1. 百度网盟推广

（1）网盟资源

百度网盟站点庞大，覆盖了 25 个一级行业代表性网站。目前，加盟合作的网站累计达 60 万家，覆盖了 95% 的中国网民，每日有 140 亿次的展现机会（见图 14-12）。基于百度网盟的海量优质媒体，绝大多数公司在进行搜索推广的同时也会运用百度网盟推广，也有很多企业只使用网盟推广而不使用搜索推广。

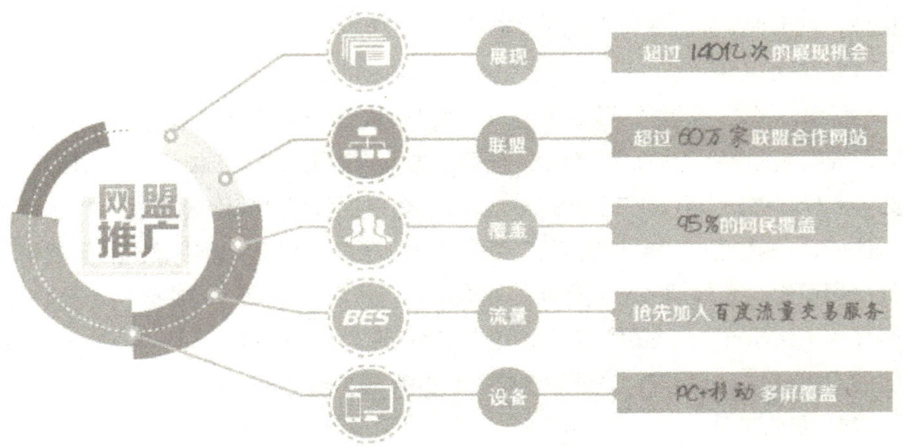

▲ 图 14-12　百度网盟推广产品特点

（2）**定向技术**

目前百度网盟的定向技术主要是根据网民的地域、网络浏览行为判别网民喜好来锁定目标受众的。地域上，可以定位到省下面的市，直辖市下面的区，提供二级地域设置。兴趣和网络行为上，一方面可以根据网民平时的浏览行为了解其兴趣和需求形成定向；另一方面对于同时使用搜索推广和网盟推广的企业，用户在浏览企业网站后在浏览其他内容时，网盟会其展示该企业网盟推广信息，形成对潜在客户的推广追踪。

（3）**展现形式**

百度网盟的展现形式有文字、图文、图片、动画。在网页端的显示上有固定、悬浮、贴片三种形式。

（4）**计费模式**

百度网盟采用网络推广中最经济的付费模式——CPC（Cost-Per-Click），只有当目标受众点击推广信息后才会产生推广费用，不点击则不需要付费，即对于海量的展现是免费的。

（5）**操作方式**

百度网盟推广与搜索推广共用同一账号，注册时只需注册百度推广账号即可。在账户结构上与搜索推广相同，在此不再赘述。

2. 广点通

广点通推广原理如图 14-13 所示。

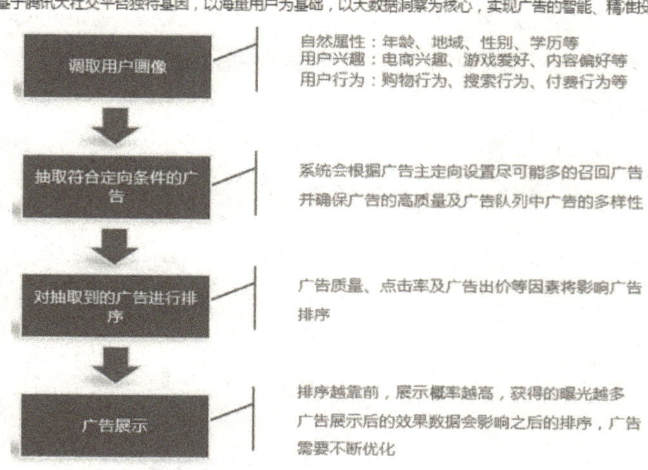

▲ 图 14-13　广点通推广原理

（1）**海量用户**

广点通是腾讯基于大社交平台的海量用户为企业提供的多终端、跨平台的一站式定向互联网营销平台。腾讯广点通定向广告覆盖 QQ、微信、QQ 音乐、应用宝、腾讯新闻等腾讯旗下 PC 端和移动端的所有产品。如图 14-14 所示。

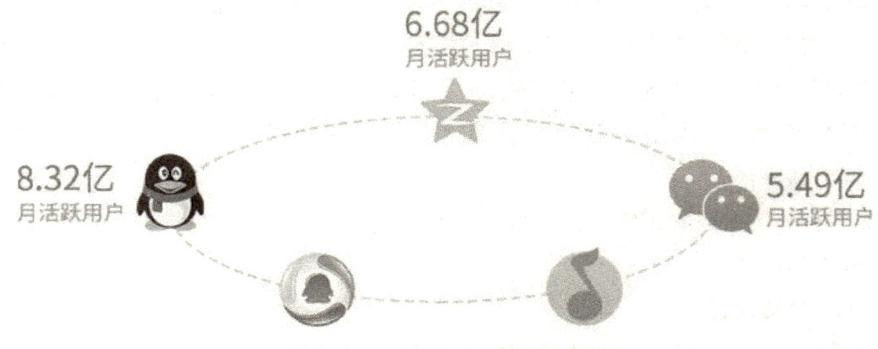

▲ 图 14-14　基于广点通的海量用户

（2）精准定向

广点通在定向技术上主要是根据用户在社交软件上的注册信息以及用户在应用宝中的下载行为。根据用户注册信息可以准确获得性别、年龄、职业、婚恋状况等信息标签，定向上更为精准。通过用户的软件下载足迹，了解用户兴趣和需求，并将最合适的信息精准推送给这些目标受众。

（3）展现形式

腾讯广点通提供移动端、PC 端多个产品的全覆盖面，展现形式有移动端 QQ 空间、微信朋友圈的信息流广告，微信公众号广告，QQ 音乐、腾讯新闻等客户端广告，以及 PC 端聊天窗口、QQ 空间、QQ 游戏等多种形式的插屏广告。

（4）操作方式

当企业需要开通广点通时，推广工作人员只需在广点通首页填写相关信息即可，审核日期为 1 ～ 2 天。操作流程和账户结构如图 14-15 所示。

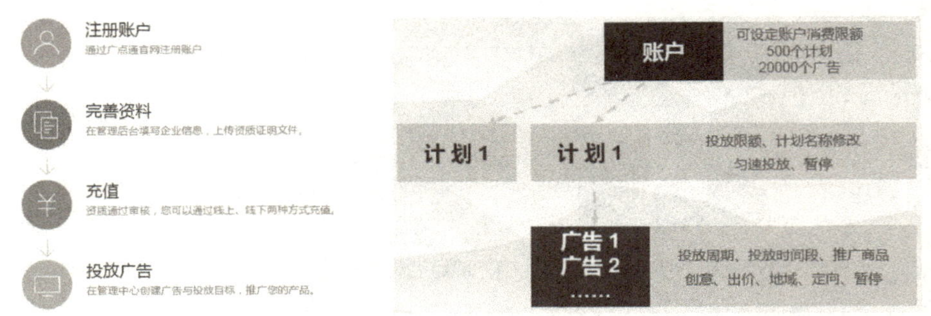

▲ 图 14-15　广点通账户注册及账户结构

3. 定向广告的对比及选择

（1）了解企业推广目的

在定向广告的投放选择上，首先需要了解企业的推广目的，是为了促成销售还是品牌宣传。其次是产品或服务特性，产品是生活休闲类、运动旅行、教育培训还是其他类产品。最后是推广地域上，是大范围推广还是小范围推广。

（2）基于推广目的选择推广方式

在推广目的上，如果企业的定向广告偏向于产品销售，建议选择百度网盟，首先是因为百度网盟海量的媒体资源，而且这些媒体资源更多地偏向于 PC，目标受众点击 PC 端的推广信息可以进一步进入企业官网，并与企业网络客服联系促成销售。如果企业定位偏向于品牌宣传，建议选择广点通，基于腾讯社交软件的海量用户，将信息推送给更多的受众即可达成品牌曝光的效果。

（3）基于产品特性选择推广方式

在产品的特性上，如果是企业办公用品，建议使用百度网盟。上班族们在工作期间浏览网页的时间要多于社交聊天。如果是生活休闲类产品，建议使用广点通，职场白领们在下班后更有时间和精力去关注衣食住行等休闲类产品。如果是学生用品，建议使用广点通。学生们接触社交软件的时间远多于网页浏览，通过在社交软件的推送影响学生，再通过学生影响其家长埋单。

（4）基于定位的精准度选择推广方式

在定向推广上，腾讯基于大社交特性，对于用户数据的获取要更为详细和精确。腾讯基于在移动端产品的 LBS 定位技术，在定位目标受众的地域上要精确很多。广点通在地域定位上可以精确到几公里，对于从事餐饮行业的企业主来说，选择地域上更精确的方式投放广告，可以有效控制成本。

14.2.4 社交圈推广

社交圈推广就是借助社交软件大社交圈将产品或品牌传达出去的人际关系式推广方式。国内绝大部分网民使用的是微博（基于新浪微博的市场地位，以下微博皆指新浪微博）、QQ、微信这三大社交类产品。微信的诞生，带来了一股微信营销的热潮，越来越多的企业和个人使用社交圈来推广自己的品牌或产品。

1. 推广优势

（1）庞大的人际关系网

基于社交软件的营销，所能依托的就是强大的社交圈。QQ 月活跃用户为 8.32 亿，微信月活跃用户为 5.49 亿，微博月活跃用户 1.88 亿。这些数据足以说明国内广大民众使用的常规社交软件不出乎这三种，可见，我们周边的社交圈里的无论是朋友还是陌生人，几乎无一不在使用着这其中的一个或多个社交软件，我们处在这样一个社交圈之中。只要个人愿意花精力去拓展，就可以建立庞大的社交圈。如图 14–16 所示。

▲ 图 14-16 社交圈庞大的人际关系网

（2）**初步信任**

QQ、微信的社交关系绝大多数是基于熟人朋友圈建立起来的，别人在加你为 QQ 好友、微信好友之前往往是认识你的。微博虽说是开放式的社交圈，但微博间的关注以及互粉关系也是建立在初步了解之后，很少有人简介都不看就去关注一个微博。因此，QQ、微信、微博的社交关系的建立是基于初步信任的，在信任的基础上发起的社交圈推广工作才是行之有效的。如图 14–17 所示。

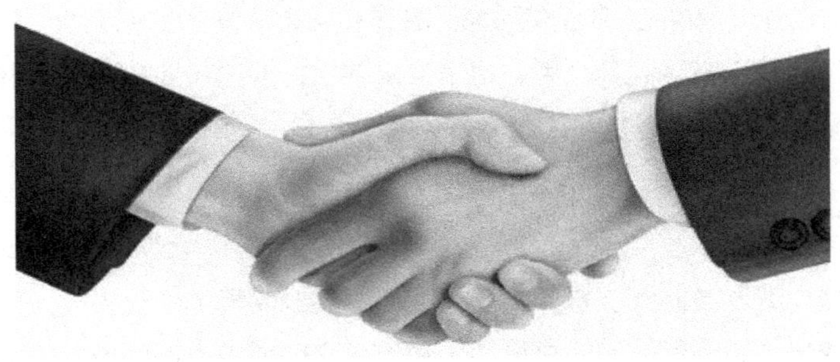

▲ 图 14-17 社交圈的初步信任

（3）**易于操作**

QQ、微信、微博作为大众化的社交软件，在软件操作上贴合了绝大数用户的软件操作习惯。哪怕少部分不喜欢、不习惯的用户也会自己去学习和适应，因为周边的人都在用它。

在 QQ 和微信上，查找好友、添加好友、与好友聊天等基础 IM 功能，使用者们没有不会的。QQ 群和微信群的创建很多人都有操作过，发 QQ 空间动态、微信朋友圈动态早已成为我们生活的一部分。微博上对于名人、机构的关注以及好友间的互粉我们早已熟练。在社交圈的推广上，只需要将平时社交行为内容系统化。如图片与文字的结合、推广与生活交替等操作方式稍作学习和研究，没人会觉得这是件难事。如图 14-18 所示。

▲ 图 14-18 社交圈推广操作简单

（4）**成本低廉**

基于社交圈的推广方式最大的优势就是“免费”，大众化的软件基础功能就是免费的，我们使用社交软件进行的推广工作本质与普通社交相同，只是传播的内容不同而已。如今，也只在微信群里的营销需要搭配红包进行，总的来说社交圈子的推广方式是低廉的。如图 14-19 所示。

▲ 图 14-19 社交圈推广成本低廉

2. 操作流程

（1）人际关系的建立

对于毕业时间短的年轻从业者来说，社会人脉资源有限，用在产品推广上的作用也是有限的。而对资深的职场从业人员来说，他们通过多年的从业经历已建立了庞大的人际关系网，而且这些人际关系朋友都具有对新生科技的认知能力和消费能力。

对于刚从业的推广从业人员来说，要善于利用同事间的人际关系资源，让他们帮忙推送一些产品信息。基于自身条件，要善于利用好已有的资源。可以将所有的 QQ 好友加为微信好友，将手机通信录的所有人都加为 QQ、微信好友。QQ 中系统也会推荐一些好友，这些好友也可以加上。微博中可以搜索一些同行业的从业者多去关注。

另外，可以多报名参加一些行业沙龙、行业峰会、资源互换会等商业会议，主动去发展一些人际关系对于推广从业者来说是必要的。

（2）人际关系的维护

在人际关系网建立后需要对这些关系进行维护，没有维护的人际关系网只会越变越小。一方面我们平时可以发送工作和生活的内容让别人更加了解你，对于别人发送的内容我们可以适当点赞，与他们形成良好的互动。另一方面，可以在节假日通过 IM 消息给圈内朋友送上一段温馨的问候，可以极大提升人际关系网中的朋友对你的好感。

对于一些已经初步建立良好关系的朋友需要经常通过私聊与之沟通，可以聊工作也可以聊生活。如此辛苦建立起来的人际关系就不至于退化。如图 14-20 所示。

▲ 图 14-20　人际关系的维护

（3）**内容的推送**

在内容推广上一方面要推送产品信息的图文消息，在产品信息的概括上尽可能使用以客户情感为主的营销思维，使得推广信息简明有趣。另一方面需要推送一些自己的生活内容，越真实越好，让别人对你更了解。

还可以推送一些行业相关的干货内容（图文或者文章），让别人感觉经常看你的内容能学会很多知识。

（4）**信任关系的建立**

对于销售导向的推广工作来说，客户信任是成单的第一要素。在社交圈内推广时可以截取一些与客户之间的聊天信息和客户的感谢信息推送到 QQ 空间、微信朋友圈、微博上。客户每次的订单、打款以及销售成交消息第一时间推送到社交圈内，让那些潜在客户觉得你的产品是可靠的，个人也是值得信任的。

（5）**注意事项**

在社交圈进行推广时，一方面需要推送产品信息，另一方面需要推送个人生活信息，越真实越好。一味地推送产品信息只会使别人产生厌恶，社交关系破碎。

在推送自己的个人生活感悟时，最好是正能量的，符合大众价值观的。个人对生活的抱怨、人性阴暗面等内容会让别人觉得你是一个不努力、不靠谱的人。

对于直接向朋友以私聊方式推送营销信息的方式，一方面只适用于关系密切的好友，另一方面要根据朋友反应适可而止，不管不顾的方式可能会使你建立起来的好友关系破裂。

14.2.5 社区推广

社区推广是互联网兴起之初就开始广泛使用的推广方式，虽然当今处于移动互联网时代，但社区推广的方式仍被推广从业者使用。典型且具有极强影响力的社区有天涯和猫扑，很多热门话题在微博出现之前都是在这两大社区上火起来的。知乎之前只是作为 IT 行业的技术论坛，现在也逐渐发展为面向各行各业的大众化问答社区。百度基于搜索平台的优势，在社区上涵盖了知道、经验、百科等不同偏向的产品，积累了一大批的忠实的用户。

（1）**社区推广重要性**

天涯和猫扑作为传统的综合性社区，在网络社区中拥有不可撼动的行业地位。知乎在成长初期就积累了大批 IT 领域的粉丝，近年来成为了网络社区界的宠儿。百度作为众多网民上网的入口，百度的多个社区成为了很多网民获取知识的依托。这些社区在国内聚集了海量的用户，几乎覆盖了国内绝大部分的网民。有众多用户聚集的地方，也是绝佳的营销之处。

如今在营销界有一个很热门的词汇叫“粉丝经济”，粉丝的传播成为了品牌宣传最好的渠道，粉丝的热衷是最好的产品销售方式。如何获取粉丝并快速传播，天涯、猫扑、知乎这三大社区是很好的营销发源地。

百度基于互联网界的地位，百度的各大社区成为很多网民查找信息的必要站点。百度百科作为信息词条的收录站，在许多网民心中具有官方认证的作用，因此很多企业在成立伊始，官网不急于搭建但公司名称的百度百科必不会少。百度知道成为网民寻求各类问题答案的依托，也被很多企业用于品牌和产品的自问自答式的推广。百度经验也是很多网民常用来获取工作和生活技能的工具。百度贴吧作为某个话题的讨论社区，功能与天涯论坛类似。百度文库也是很多网民查找学习资料的平台。当潜在用户在百度中搜索企业品牌或产品词时，首页显示的关于企业的信息越多，对于企业的信任度越高。

（2）社区推广方式选择

猫扑的内容包含各种娱乐八卦、体育游戏、情感话题、热门事件，很多热门话题都是从这里传播开来。天涯在产品结构上包含微博、社区、问答、贴吧、博客、论坛、部落，在内容上涵盖民生、财经、体育、娱乐、文学、情感、时尚、旅游、IT、数码等，被很多企业当作营销的发起地。知乎早期仅仅是互联网行业的用户问答社区，近两年逐步向其他行业开发。知乎具有很强的内容审核机制，问答质量很高，因而积累了很多忠实的粉丝。如果想在知乎上进行营销，需要有很巧妙的营销手段。如果企业的营销团队（包含企业内容营销人员和外聘兼职人员）足够庞大，在一百到数百人，可以选择社区推广的方式。以几篇帖子作为话题（建议 5 篇以内），用一人发帖多人顶帖、回复、转发、分享的方式传开，将一篇或几篇具有吸引力的文章，广泛传播出去变成具有影响力的帖子是这类大社区营销的目的。如果想在短时间扩大企业的知名度，建立庞大的营销团队，选择这三大社区是很好的营销方案。

在企业营销中，特别是互联网企业，百度百科作为网民了解企业的权威入口是必不可少的。百度知道、百度贴吧的推广可以提升网民对企业的信任度。如果是 PC、App 软件的互联网教育企业可以在百度经验中添加软件的操作说明。百度文库可以添加企业完整的产品说明书，方便用户下载查阅。百度贴吧也是当今网民人气聚焦地之一，一般是根据兴趣、话题和热点事件等聚合而成，企业可以利用百度贴吧做一些话题营销等。如图 14-21 所示。

在当今，行业竞争趋于白热化，线上推广在如今的企业营销中变得越发重要。当网民在搜索引擎、各大门户、社交网站、各大软件市场都可以看到企业的品牌或产品，那么企业线上营销的工作才算是做好了。网络媒体的不断曝光不仅是知名度的提升，更是大众对企业实力的认可。如图 14-22 所示。

▲ 图 14-21　可利用百度的多个社区推广

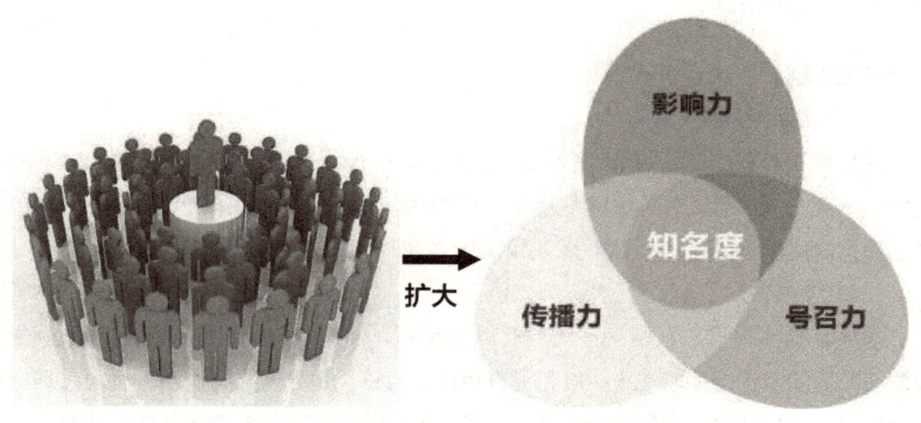

▲ 图 14-22　社区推广的作用

14.3　产品线下推广

在线上推广的运作中，行业竞争越来越激烈了，大多数流量都掌握在一些有资金、有实力的大企业手中，尤其是在教育、医疗、餐饮、金融等热门投资领域。在互联网教育领域，小资本的初创型企业还在蹒跚前行，传统的教育培训大佬们却在一个个转型，如新东方、尚德、华图等。还有一些依托强大资本一飞冲天的企业，如一起作业网、51talk、小站教育等，小微企业在网络流量上很难与之抗衡。于是，传统的线下推广成为了小微企业的另一条出路。不仅如此，由于行业竞争加剧，很多巨头级的企业也加入了地推军的行列，如阿里巴巴推广支付宝、美团推广外卖业务等。地推（地面推广），如今成为了互联网企业称道的热词，也是互联网产品在推广中必不可少的部分，在当今互联网企业营销中发挥着越来越重要的作用。在实践中，线上推广和线下推广是可以互相结合的（见图 14-23）。

▲ 图 14-23　线上推广与线下推广

14.3.1　地面推广

1．地推的优势

（1）直面用户

在地推工作中，企业文化和产品功能可以直接被目标用户观察和体验到。同时，地推人员能与潜在用户进行情感的交流，使得用户对企业和产品达成情感上的认可，形成具有高度黏性的用户。这两点效果是线上推广无法达到的。

（2）节约成本

虽然目前线下推广获取用户的成本越来越高，但这是在大众趋利性心理下产生的现象，获得的很多用户毫无忠诚度和黏性可言。真正优越的产品配合策划优秀的地推活动是可以用小额成本获得批量用户的。疯狂补贴式的恶性比拼非常规化的地推之道，诸多推广案例证明线下推广的成本在白热化的网络竞争环境下是远低于线上推广的成本。

（3）市场洞悉

一方面，在地推过程中，地推人员可以总结出目标用户的出入场所或目标用户聚集的商圈。另一方面，地推人员在与潜在用户的交流过程中，可以明晰用户兴趣和需求。如是，地推工作不只是获取用户，更是一次企业洞悉市场的机会，等同于为企业做了一次市场调查。

2．地推的执行

（1）目标确定

首先产品运营管理人员需要确定，推广目标是 App 还是公众号。App 是直接获取用户，但推广受众难免觉得麻烦或者耗费流量。对于觉得麻烦的问题，可以改成先关注微信公众号，再通过微信活动将公众号粉丝转化为 App 用户。对于耗费流量的问题可以使用地推盒子，提供现场免费 Wi-Fi。微信公众号关注起来容易，但流失也很快。建议是除非有很好的将公众号粉丝转化为 App 用户的方案，否则不要选择推广公众号转 App 的模式。尽力解决现场无线网的问题才是常规之道。

（2）场地选择

在地推工作开展之前，需要大致把握目标用户出入的场所。如此，才能选择恰当的推广场地，使推广效益最大化。如企业产品面向高等教育阶段的学生，那么推广的场所当然是各大高校周边，甚至是直接进入学校内部。如果企业产品面向的是学前儿童，那么推广场所当然是选择年轻妈妈们经常出入的场所，如大型商场、美容院等，因为幼儿不具备产品价值判别能力，且为产品埋单的是孩子的家长。如果产品是常规的语言培训、职业技能培训等，选择的场地应当是职场白领们出入的场所，如公交站台、地铁口、写字楼等。

（3）物料准备

在准备工作上，须考虑到推广现场的各种突发情况，对推广工作中可能用到的物料做周详准备。常规的物料包括易拉宝（X展架）、DM 宣传单、海报、横幅、桌椅、赠品、产品（赠品）展示台等。为了展示良好的企业形象，建议推广人员配备公司统一服装。如果推广的产品是 App 还需要考虑到用户下载耗费流量的顾虑，为之准备具有无线网络发射功能的地推盒子等。此外还须考虑到恶劣天气情况，如炎热天或下雨天需要准备遮阳伞。风大天气还需准备易拉宝（X展架）的固定工具，如绳索、砖块等。

（4）人员分配

在人员分配上须清晰合理，执行起来才能有条不紊。口才好的分配去做现场演讲，待人热情的去发放赠品，对产品熟悉的去指导用户安装、注册、试用产品，做事细心的去做现场数据统计。各司其职，不交叉，不偷工。如此，推广工作才能轻松高效。如图 14-24 所示。

▲ 图 14-24　地推需要团队的配合

（5）效果统计

在推广活动结束后需统计宣传单的发放量、赠品的赠送量等物品数据，还需统计公众号的关注量或者 App 的下载量，总结活动成效。如果是在小区内进行推广，需根据该小区的人口计算产品推广的覆盖率。在推广工作结束 12 小时后，需要结合技术部门提供的数据，计算公众号或者 App 的留存率。如果采取的是公众号粉丝转 App 的模式，还需计算相关转化率等。最终得出工作效率，获得用户成本等数据。

3. 第三方合作

随着互联网企业对地推需求越来越多，专业从事地推服务外包的企业也成为一股新生庞大力量。地推吧是直接提供地推服务的企业，在全国各省市都有丰富的商圈推广资源，也有经验丰富庞大的线下线上的运作团队，成立初年就获得 Pre-A 轮融资。趣 D 推是提供地推信息服务和解决方案的 O2O 巡展地推服务平台，可以在平台上寻找地推场地信息，也可以直接提交地推需求，寻求一站式服务方案。此外，还有帝推、云地推等地推服务商。选择那些拥有庞大资源和丰富经验的地面推广企业合作，可能比企业自身去做更有成效。如图 14-25 所示。

▲ 图 14-25　典型的地推服务企业

14.3.2　会议营销

1. 何谓会议营销

会议营销，简称“会销”，指有计划地举办各类与消费者、媒体人面对面沟通，以此来展示品牌文化和产品价值并促进销售的公开性会议。

2. 会销特点

易操作、面对面、情感交流、渲染气氛。

3. 会销类型

产品发布会、项目招商会、企业周年庆、合作峰会、行业研讨会等。

4. 会议策划

会议类型、会议目的、会议意义、会议主题等。

5. 会议筹备

（1）数据搜集

数据一定要真实可靠。

（2）宾客邀约

包括自我介绍、了解对方、产品介绍、会议说明、发出邀请、到会确认、签到短信等。

（3）物料准备

包括指引牌、参会证、背景墙、易拉宝（X展架）、横幅、桌签、茶水、点心、多媒体设备、会议指南、产品手册、服装等。

（4）会场布置

包括签到台、咨询台、多媒体操控台、迎宾位、演讲台、桌椅摆放、桌签（号码）摆放、茶水摆放、易拉宝摆放、横幅悬挂等。

（5）流程规划

包括迎宾音乐、入座视频、主持人开场白、嘉宾上台、文艺表演、现场问答、销售（签单）环节、散场等。

6. 会议进行

包括签到、迎宾、座位指引、站位、服务、光控、音控、主持、演讲、客户交流、销售（签单）、礼品赠送、合影等。

7. 会后总结

在会后，需要根据客户反映、签约（销售）数据、会议质量等进行会议总结。

第 15 章

产品运营比产品开发还重要

一个教育产品面世，如何吸引用户来注册使用呢？已经注册的用户，又该如何去爱护他才能不让他离你而去？还未走的客户，如何去调动他的情绪让他高兴活跃起来？已经离开的用户又该如何挽回才能破镜重圆？和用户在一起了，又如何为他奉献他喜欢的东西？本章将带着这些问题教你学产品运营常识。

在互联网兴起之初，产品的运营没有受到足够的重视。可能一个产品从定位到开发到发展用户到运维，全都由技术部门负责，也就是由技术经理（CTO）负责。随着后来互联网乃至移动互联网产品的蓬勃发展，如何设计出一个好的产品，如何将产品的技术做到最牛，如何让更多的人去使用这个产品，如何使这个产品的体验更好，各类细化的工作逐渐被高度重视。对应地就产生了产品经理、技术开发、运营经理这三个职位。那么，运营到底是什么？运营需要做哪些工作？各类细化的工作该如何去做？这些都是本章将要讨论的内容。

15.1 产品运营概论

15.1.1 什么是产品运营

谈到“运营”二字，运是运作、运转，营是经营。运营即是使某个组织或机构运转起来并系统地去经营以至长久的过程。

广义上的运营包含企业或组织品牌的构建和宣传，产品的定位和推广，用户的拓展和维护，产品的销售和售后，渠道的开拓和对接，资源的采集和众筹等一系列围绕品牌和产品的非技术类工作。不同的行业不同的企业对运营的定位大不相同，当代互联网企业对运营的定义是以用户为中心的提升产品价值、拓展产品用户、挖掘用户价值的一系列工作。

本书所阐述的产品运营是以产品为导向，定位于从产品的角度促使更多用户使用产品并释放出更大价值。由此区别于第 14 章以市场为导向的产品推广。

15.1.2 产品运营的工作范畴

基于对产品运营的定义，产品运营的工作应从如何提升产品价值，如何获取更多用户并留住用户，如何使用户价值最大化这三大问题出发。下面我们以互联网教育 App 产品为例进行介绍。

如何提升产品的价值呢？当然是构建更好的产品内容。这些产品内容从哪里来？一方面需要自己创作，另一方面需要通过第三方渠道搜集并加以整理。如何保证产品的内容是用户需要并喜欢的？首先需要初步对产品内容定位并初步上线进行内容测试，根据用户的反馈不断地修正从而提升产品价值。

如何从产品的角度获取用户呢？一方面可以从产品的功能上出发，如用户注册之前可以体验产品，用户注册后赠送礼品（免费课程、虚拟币等），用户邀请好友后自身与朋友都可以获得奖励等。另一方面对于 App，可以从产品应用市场渠道的拓展和优化出发，在更多的应用市场将产品上线并申请官方和优质产品标签，还有新品自荐、搜索排名优化、渠道专题申请等都可以提升产品的曝光量。用户疲劳了不愿意使用了怎么办？这就需要不断对产品内容进行更新，甚至对产品的框架版面进行更新。这是一项需要联合产品经理、平面设计进行的工作。

如何提升用户价值？一般互联网产品有免费用户和付费（会员）用户两种，将免费用户转化为付费用户是提升用户价值方式之一。另外，添加广告、添加其他产品入口等也是提升用户价值方式。如何将免费用户转化为付费用户？一方面可以在产品中对免费用户和付费用户的产品价值或权限进行对比，使免费用户感知到付费用户的强大优势。另一方面可以策划打折、送礼等活动促使免费用户向付费用户的转化。

综上所述，产品运营的工作范畴应当包括内容运营、用户运营、活动运营三个方面，三者相辅相成，每一项工作都是产品运营必不可少的部分。

15.1.3 产品运营、产品经理与产品开发三者之间的关系

在互联网行业中，不同企业对于产品运营与产品经理，产品经理与产品开发间并没有严格的界限，有一些企业甚至有一人身兼两职的情况，特别是一些初创型企业。

在这种情况下，很多相关从业者哪怕是从事产品运营或者开发三五年的人也弄不清三者的工作性质以及三者间的关系。有人做出过这样的比喻，说产品就是一个孩子，产品经理负责生孩子，产品运营负责养孩子。也有说产品就像房子，产品经理是房子的设计师，产品开发是房子的施工员，产品运营是房子的保姆。各种比喻好像都不太准确，并没有将三者关系形象又准确地描述出来。

基于常规化的三者区分应当是这样，产品定位及框架、功能的设计归产品经理，产品技术实现归产品开发，产品内容的构建和用户的维护归产品运营。

15.2 内容运营

15.2.1 什么是内容运营

一个产品也可以形象地看成是一个人。一个人光有华丽的外表是不行的，还得有丰富的涵养。引用之前产品运营即养孩子的理论，一个孩子生下来，做父母的不只是将孩子打扮得花枝招展的，还得教会孩子知书达理。不仅要送孩子去学校学习知识，课外还要培养琴棋书画或舞蹈表演。父母一方面希望自己的孩子能够有俊秀的外貌，更多地是希望自己的孩子要有深厚的文化修养。那么，作为一个产品的生产者（产品经理）和产品的养育者（产品运营）也当有使产品内外兼修的工作职责。

被一个人吸引靠的可能是其外表，但一个人被人喜爱肯定是因为他的内在修为。一个产品可能最初吸引用户的是精致的包装、漂亮的外壳、优美的界面，但要让用户重复购买和长时间使用该产品，产品的生产者得提供让用户满意的价值。一个产品，“内容为魂，体验为魄”。产品运营，从长远的角度看，内容比体验更重要。

那么，究竟什么是内容运营？从互联网产品的角度去看，所有围绕产品内容所进行的采集与创作、内容的编辑与审核、内容的推送与展现、内容的修正与优化等一系列提升产品价值的工作称之为内容运营。

15.2.2 内容运营的运转机制

面对产品经理打造的产品框架，运营人员需要往里面填充各色各样的内容。有文字图片内容，有音频视频内容；有产品导航内容，有产品介绍内容；有产品购买内容，有产品评价内容。这些内容从哪里来又要到哪里去？中间又要经历怎样的过程？很多内容运营工作者往往是认识不清的。

根据传统行业的一个产品从原料采购到产品生产再到产品销售再到用户购买的产品供应链模型，在互联网产品上也可以构造一个内容供应链模型，如图 15-1 所示。

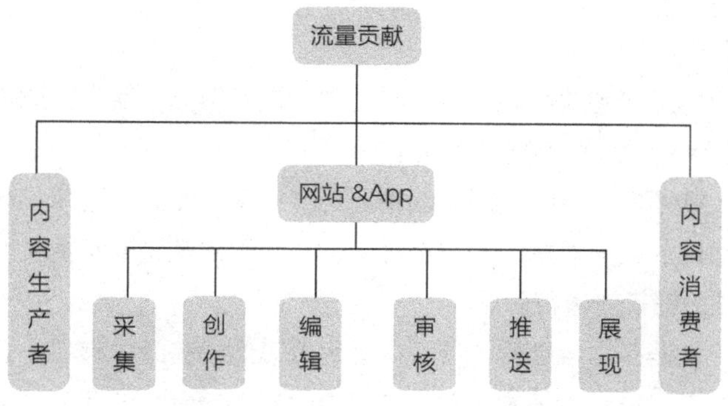

▲ 图 15-1 内容运营的运转机制

可以看出，一项内容从获取到被用户查看，需要经历采集与创作、编辑与审核、推送与展现这几大过程。用户通过网络流量对内容进行访问，我们根据流量数据和用户反馈进一步对内容进行评价，用户访问率低或者用户差评的内容需要调整或者下架，填充新的内容，这时一项新的内容又要经过一次内容供应链的模型运转才能到达用户眼前。整个内容运营的过程形成一个循环体，这就是内容运营的机制。

15.2.3 内容运营的初期工作

1. 准备工作

在内容运营工作展开之前，需要对内容的来龙去脉和内容的评价标准进行确立。内容运营的准备工作应当包含以下三个方面。

（1）内容消费者定位，包含网站或 App 的定位，受众定位。

（2）内容来源确认，包含内容采集地点，内容创作的作者。

（3）内容标准确立，包含内容的分类，内容的评价标准，内容的展现方式。

2. 内容初始化

在内容的准备工作完善后就需要往产品框架里填充内容了，在产品内容第一次上线到用户到来之前所进行的工作，属于内容的初始化工作。初始化的工作应当围绕展现产品核心价值，吸纳产品的首批用户即种子用户进行。这就要求内容的定位必须清晰，必须让预先设立的目标受众深刻感知到产品的核心价值。内容的创作上必须精美，做到让受众眼前一亮甚至惊叹的效果才算最好。内容的初始化工作可以看成是打响革命的第一枪，只有第一枪打得够准够响才能吸引更多忠诚的用户并进行内容分享，从而达到产品价值传播的目的。

3. 内容的完善

在内容初始化工作完成后需要进一步对内容进行填充，使内容能够满足更多用户的需求，为吸引大批量用户的到来做准备。

第一方面，需要在内容的类别和数量上进行扩展。如果是题库类产品就需要对题目的年级和科目做补充，对题目的数量做添加。如果是直播课平台类的产品，就需要对课程的类别和教育机构进行扩展。

第二方面，需要从内容结构上进行完善，可以对精美的内容、热门内容做专题推荐。精美内容是产品核心价值的体现，热门内容是内容受欢迎程度的展现。精品推荐代表着内容生产者的态度，热门内容代表着内容消费者的声音。当新用户第一次使用或访问产品时，往往会先从专题中挑选内容。专题推荐对于一个互联网教育产品来说是不可或缺的，其对于产品核心价值的体现、新用户的留存起着关键性作用。

第三方面，需要从内容细节上进行完善，包括产品的启动页、详情页、用户信息页。启动页可以展现产品品牌，也可以展现产品价值。使用图文结合的方式最好，不建议将视频或者语音放到启动页中。详情页是对产品的详细概括，可以体现产品的专业性，提升用户信任度。如果是直播课程类产品可以在详情页中添加课程的时间安排、课程的目录、课程适用的人群、学习课程可以达到的目标、机构和老师的介绍、用户评价等内容。详情页排版需要精美，需要配合平面设计师进行专业设计。用户信息页需要对用户的学习记录、用户达到的目标、产品的分享等进行补充。让用户感知到使用产品所获得的成果，是一款教育产品必须包含的内容。

15.2.4 内容的持续化运营

在内容运营初期工作完成后，我们需要根据用户的反馈不断地对内容进行优化，提升内容的价值，增强用户的黏性。为了提升用户的黏性，使用户形成产品的使用习惯，需要定期对用户推送精品内容。为了使用户的热度持续，还需要不断地对内容进行更新，避免用户审美疲劳，继而冷却甚至流失。

1. 内容的推送

（1）推送的目的

内容推送是指将产品的核心价值突出展现给用户，或者将精品内容推荐或发送给用户。内容上线是为了将内容从线下搬到线上并放到合适的板块，内容推送一方面是为了突出重点展现产品核心价值，另一方面是为了与用户形成持续良好的互动，保持用户黏性。

（2）推送方式的选择

在内容推送的渠道上，基于产品本身可以分为系统内和系统外。系统内和系统外都有多种不同的推送方式，如图 15-2 所示。

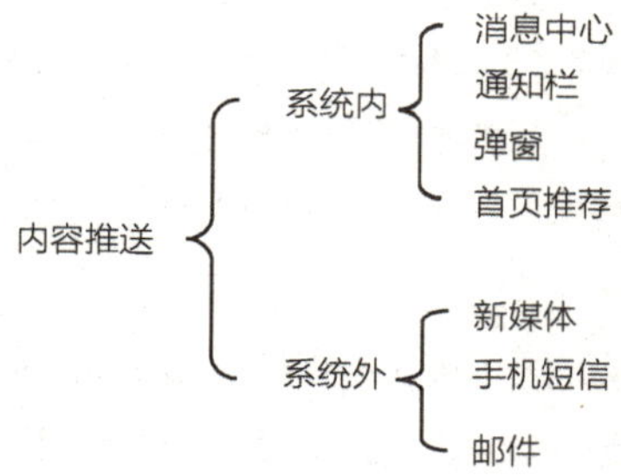

▲ 图 15-2 内容推送的方式

在系统内有四种常见的推送消息的方式，即消息中心、通知栏、弹窗和首页推荐。其中消息中心最常用，基本每一个 App 软件都有。消息中心分为系统消息和内容消息，建议将两者分开，系统消息容易被用户忽略，但内容消息只要具有吸引力被打开的可能性很大。通知栏也是常用的推送消息的方式，软件安装时就会提示用户是否允许发送通知。对于那些不反感消息弹窗的用户，使用通知栏推送消息被阅读的可能性也很大。其弊端在于通知栏发送消息的功能容易被用户关掉。弹窗之前只用于 PC 端产品，现在逐渐在 App 上运用，常用于系统提示、重要消息提示和新品推荐。弹窗被忽略的可能性很小，在弹窗推荐一些新课程或者优惠信息被查看和转发的概率都很大。首页推荐常用于被使用频次很高的软件，如英语学习软件、中小学题目练习类软件。首页推荐是一种很好的与用户互动，提升用户黏性的推送方式。

在系统外，可以使用新媒体、手机短信和邮件三种方式向用户推送内容。现在的新媒体指的是微信公众号，微信公众号的互动效果和传播作用在此不再赘述。对于关注了产品对应公众号的用户，微信公众号内容推送的效率远高于系统内的推送。短信和邮件推送方式是建立在用户绑定手机和邮件的基础上，常被用来推送活动消息。

2. 内容的优化

内容运营初期，内容上线后需要根据用户的反馈不断对内容进行优化，效果好的内容继续留存、置顶或者做精品推荐。效果平淡的内容需要分析平淡的原因，是内容偏离用户需求，还是内容缺乏吸引力。需要重新对照内容评价标准，对内容进行审核后再上线。对于效果极差的内容，首先内容直接下架，然后审视内容运转环节，查找疏漏之处进行修正。

3. 内容的更新

在产品进入持续化运营阶段之后，须定期对内容进行更新，一方面是让产品价值持续展现；另一面是保持内容的新意，避免用户产生疲劳感。持续凸显产品价值，提升用户黏性，是内容更新的目的。

从内容本身上看，更新内容是为了给用户奉献更多的产品价值，让用户能持续从产品获取想要的内容。如果是题库类内容，持续不断更新题库，使之能满足更多用户的需求。对于课程类内容，不断增加新的课程才能持续保持产品的活力。对于最新上线的内容可以做新品推荐专题。

从提升用户黏性的角度，更新的内容包括 PC、App 轮播图，内置菜单项图标，产品缩略图，甚至是整个版面的布局。社交、音乐、视频等常用软件初期的改版是为了修复系统 bug、完善产品功能，后期的改版更新为的就是保持产品活性，增加用户黏性。在版面更新上可以借助季节、节日、重大活动。改版上，一方面突出新意，另一方面也要贴合产品气质，如颜色等。

15.3 用户运营

15.3.1 用户运营的本质

其实无论是内容运营还是活动运营，它们的落脚点都是为了用户，即本质上都属于用户运营。产品运营分成内容运营、用户运营和活动运营三个专题来概括只是侧重点不同，实际上是以用户运营为本体，内容运营和活动运营为其两翼。两翼的助力，才能使得本体飞得更高更远。

从用户的角度出发，产品运营的工作应当包括这些方面：让更多的用户了解产品和使用产品；让更多用户感受到产品的价值并持续使用；留住已有的用户并让用户的价值最大化。内容运营和活动运营的工作都是穿插在以上这些工作之中，没有独立开来的内容运营和活动运营，归根到底还是为了用户运营，这就是用户运营的本质。

15.3.2 用户运营的工作范畴

基于用户运营的本质，侧重于用户的角度。我们可以给用户运营建立一个工作模型，如图 15-3 所示。

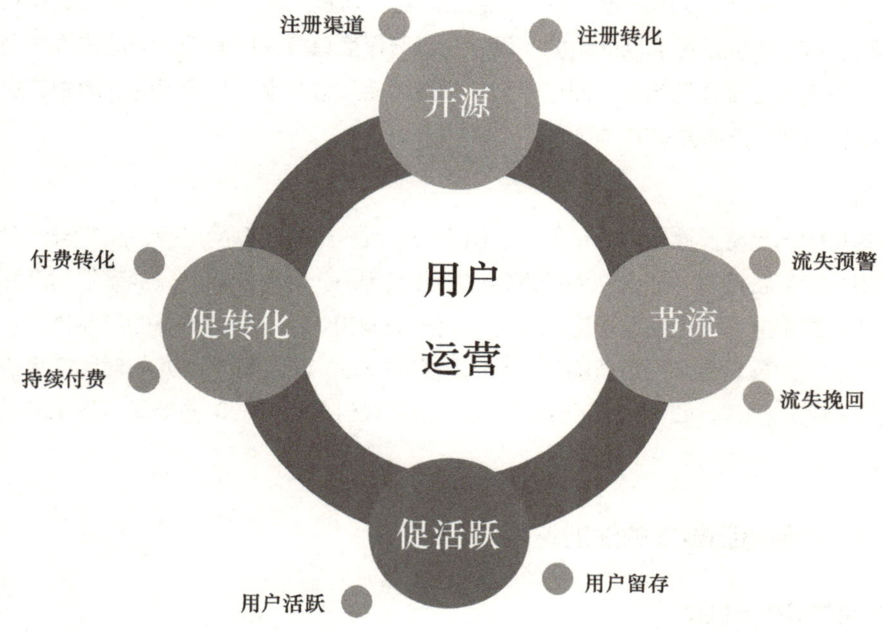

▲ 图 15-3 用户运营工作模型

由用户运营的工作模型可以看出，用户运营主要包含四个方面：开源、节流、促活跃、促转化。一个用户的到来到成为忠实用户都要历经这四个环节，但从长远的角度看，四者并无先后顺序之分，大多数时候这四项工作是在同时进行的。

1. 开源

开源是指开拓用户来源，促进更多用户注册。开源核心工作点是让更多的人了解到产品并完成注册。官网产品的介绍、产品的在线体验、产品下载链接、软件市场的搜索排名、增加注册体验等都是开源的有效措施。

2. 节流

节流指的是节制用户流失。核心工作点是建立用户流失预警，挽回已流失的用户。用户注册后，由于软件无法满足个人需求，满足短暂需求，软件体验差，竞品有更多优惠等原因，都有可能导致用户流失。用户多久不使用产品或者卸载软件算是流失，用户流失后如何重新唤起用户兴趣让其重新使用该产品，挽回后如何对待这些失而复得的用户等，这些问题都是用户运营中节流的工作。

3. 促活跃

促活跃是指让用户多频次地使用产品。对于一些 UGC（User Generated Content）产品来说，让用户更多地发表原创内容，与其他用户形成互动甚至是建立自己的粉丝群，这就是促活跃的目的。用户的活跃程度直接关系到用户的流失，长期冷淡的用户基本上算是已流失。如何使用户频繁地使用该产品，从产品的使用中感受到乐趣是促活跃工作需要思考的问题。

4. 促转化

促转化指的是将普通用户转化为高价值用户。大多数的互联网产品的用户群体分为免费用户和付费用户，或者称为普通用户和会员用户。免费的用户只能享受到产品的基础功能或服务，而付费用户可以享受到更多功能和服务，获得更高的产品体验。如何向普通用户展现会员用户所能体验到的更多的产品功能和服务，如何对比二者价值落差引起用户兴趣，如何让免费用户主动付费变成付费用户，这些都是促转化的工作范畴。

15.3.3 如何得到更多的注册量

1. 提供免注册体验机会

提供免注册体验的机会，是指在用户注册前就可以试用产品的功能，而且往往是最具有代表性的功能。在用户注册之前就让用户体验到产品的核心价值，一次亲身的体验比花言巧语的产品说明效果好得多。

2. 添加官网下载链接

如果是有 PC 或者移动客户端的产品，专门设计一个下载页是非常必要的工作。下载页中要有序展现产品的功能界面，添加 PC、PAD、App 端的下载标签和二维码。对于 PC 客户端的按钮，点击后要能直接弹出 exe 文件下载存储框。对于 Android 设备，点击下载标签或者拿手机扫描二维码要能直接弹出 apk 文件的下载存储框。对于 iPhone 设备，点击下载标签后可以跳转到 iTunes，扫描二维码可以跳转到 App Store 中该产品的安装页。目前市面上有些产品对于 iPhone 的二维码，使用微信扫描后不能直接跳转到 App Store，而是提示用户点击右上角的“...”选择使用 Safari 等浏览器打开，这对于用户的体验很不好，是需要改进的地方。

3. 提高软件市场的展现机会

一个产品展现的机会增加了，在转化率一定的条件下，所能吸引来的用户自然会增多。目前国内的常见的安卓软件市场有安卓市场、安智市场、360 手机助手、91 助手、豌豆荚、应用宝等。iOS 的软件市场是众所周知的唯一的 App Store。

每一个软件市场都有对应的开发者中心或者开放平台，注册账号申请成为开发者，通过审核后就可以上传软件安装包。iOS 应用的开发者平台有自己一套烦琐的 App Store 审核指南，在此不再赘述。

面对软件市场里的海量软件，仅仅让软件在市场上架是远远不够的。对此很多开发者平台都提供了软件推广的机会。如应用首发、新品自荐等专题推荐，还有类似于百度搜索的排名优化推广服务。无论使用什么方式，提升软件的展现量才是核心。由于 iOS 应用都集中到一个 App Store 中，竞争非常激烈。App Store 的排名与应用第一次上架的苹果官方编辑打分、App 标题、App 描述、App 关键词有关，上架后期还与软件的点击率、下载率、删除率、用户评价、更新度有关。目前苹果官方没有公布自己的排名算法，也没有与安卓应用市场类似的推广服务。

4. 申请官方和优质的标签

在很多安卓应用市场，都可以为软件申请“官方”和“优质”标签，官方代表一种权威，可以获得用户更多的信任。“优质”代表着软件市场对该应用的高度评价，可以瞬间提升应用在用户心中的初印象。申请这两个标签，各开发者中心都给出了很多条款，图 15-4 是腾讯应用宝给出的申请优质标签的条款。

申请规则

申请官方标签的应用需同时符合以下规则（1），以及（2）~（7）其中任意一项：

(1)该应用具有软件著作权（需提供软件著作权证明，此项必备）；

(2)该应用具有注册商标权；

(3)该应用为独家代理（原创公司授予的授权书）；

(4)该应用具备原创公司授予的真实授权书；

(5)该应用有ICP备案的官方网站（http://icp.alexa.cn/index.php?q=www.wdb168.com&code=7F3E78&icp_host=fjcainfo）；

(6)应用经过Google play签名验证（需提供Google play的前后台截图证明）；

(7)其他能证明该应用所属的资质证明。

▲ 图 15-4 在应用商城里申请官方标签的要求

5. 用第三方账号登录

面对越来越多的产品应用需求，很多用户不愿意注册太多的账号，一大堆的账号和密码记忆起来是一件烦琐的事情。因此，很多企业都选择与那些拥有超大用户规模的企业合作，为产品提供第三方账号登录的方式。如常见的微信、微博、QQ、淘宝等账号登录。使用第三方账号登录可以有效降低用户注册、使用新网站的门槛，同时也可以降低新网站用户身份鉴别的难度，属于新网站、用户和第三方账号提供方三者共赢的一种方式。用户使用第三方账号登录后可以提示用户完善个人信息，这样相当于间接地获取用户信息，完成了一个新用户注册。目前，在教育产品中，沪江网和邢帅教育都提供了 QQ、微博、微信三种第三方账号登录的方式。

15.3.4 如何让用户留下来

1. 定义流失标准

用户多久没有登录就算是流失，对于不同类型教育产品这个时间也会不同，随着运营人员长期对用户群体活动周期的观察，这个时间可能会被逐步修正，最终建立一个长期适用的用户流失标准。

2. 建立流失预警机制

用户在什么情况下会流失，在哪些时间点流失的，流失的用户都具备什么特征……通过对一定基数的用户流失数据的分析，可以建立基于用户流失数据模型的预警机制。如图 15-5 所示。

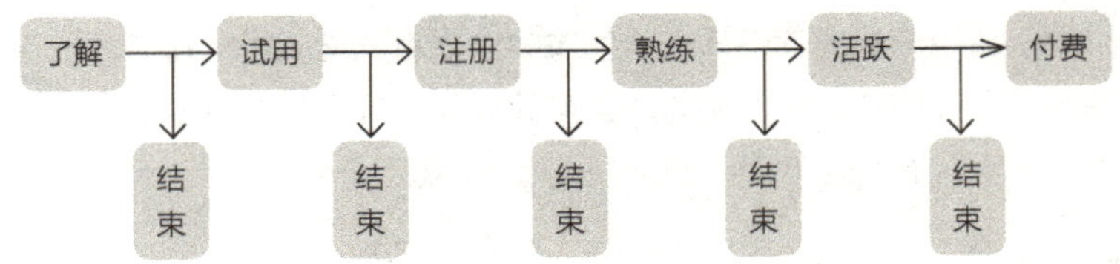

▲ 图 15-5 用户流失数据模型

用户从接触产品到付费都要经历以上几个过程，中间的任何一个环节都有可能流失。有的用户可能在试用产品后，觉得无法满足自己的需求连注册的机会都不给；有的用户可能注册后，收到了一条自己不喜欢的消息就不再使用了；有的用户听过免费课程后可能觉得收费的课程太贵就彻底离开了。

很多产品在用户卸载客户端的时候都会弹出提示款，让用户填写卸载的原因，有的甚至让用户留下联系方式。这是一项收集用户流失原因的有效方式，也为后面进行流失挽回工作打下基础。

对客户容易流失的环节和容易流失的原因建立预警。此外，对已经流失的用户进行数据整理和分析，包括用户的地域、年龄、性别、职业等，设置流失用户数据模型，对高流失率特征建立预警。

3. 实施防流失举措

建立了用户流失预警以后，就要进行相应的防流失措施。在用户容易流失的环节提高服务意识，针对流失原因改进甚至重新策划运营方案。

功能配置、界面设计、交互体验、产品价格等都是可能导致用户流失的原因，功能配置是产品的核心竞争力，加大技术研发就是防流失的措施。界面设计可以根据用户反馈的信息以及竞品的界面设计加以改进。交互体验需要站在用户的角度和使用场景中去思考，把用户当成“傻瓜”的交互设计就是就好，如用户注册后三到五步的新手引导，就是很好的交互体验。产品价格是一个敏感的问题，价格竞争并不是长久之计。更好地向用户展现产品的价值，使用户感觉物有所值，才是最好的价格问题上的防流失方案。

另外，产品的升级改版也是一个导致用户流失的原因。升级改版本是一项促活跃举措，但每一次的改版都可能会让一些忠诚的老用户不适应。在每一次改版前尽可能广泛的参考老用户和新用户的意见，对于改版肯定会是众口不一，但也要尽可能听从多数人的意见，特别是忠诚的老用户。改版的频率不宜太高，半个月一次版本升级是大多数互联网企业遵循的版本升级周期。改版的幅度一般情况下也不宜过大，须循序渐进且永远贴合产品气质。大幅改版是一次冒险，可能会赢得一片叫好，也可能是众多的叫骂。

4．挽回已流失的用户

客户流失了并不意味着无能为力，放任不管了，一个有效的补救方案可以让已流失的用户失而复得。

用户流失后，有的用户仍在 PC 或者移动端保留着客户端，这时就可以通过客户端推送通知。如果用户已经卸载了客户端，就只能通过用户绑定的手机号、邮箱号、QQ 等系统外的渠道推送消息。对于未卸载客户端的用户，属于轻度流失用户，通过系统内的通知推送消息，只要用户收到通知并打开了，挽回的概率就很大。通过系统外推送消息给流失的用户，短信、邮箱、QQ 三者比较起来 QQ 最合适。短信虽然被阅读的可能性最大，但容易让用户感觉隐私被泄露，继而越发反感，挽救无望。邮箱一来可能会被归入垃圾邮件，二来被打开的概率很低。QQ 现在也有了公众号，通过公众号多次推送图文消息，被打开的概率远比短信和邮箱高，而且公众号图文消息的展现形式远比短信和邮箱丰富，更容易激起用户关注和再次使用该产品的兴趣。

推送的挽回消息可以是产品的升级改版信息，也可以是重大活动的信息，也可以是促销折扣的信息。挽回的语言形式更多地是一种久别的问候，而不是毫无生机的通知。

5．用户挽回后的工作

用户失而复得后并不意味着万事大吉，一不留神挽回的用户有可能再度流失。首先，挽回的用户需要安抚，一句亲切的问候远比一句“欢迎你回来”给用户的体验更好。其次，挽回的用户需要将它当作新用户对待，通知用户产品的最新改版信息。对于一些 UGC 类的产品，还可以告诉用户，在他离开的这段时间里所关注的好友的个人动态，引导他前去浏览。最后，可以引导挽回的用户参加一次有趣的活动，重新培养用户对于产品的好感。

6. 如何让用户活跃起来

一个互联网产品的用户群体就好比一座城池，入城表示有新的注册用户进来，出城表示有用户流失了。入城的越多，出城的越少，城池的规模就越庞大。城池里的用户越活跃，就代表这座城池里越繁荣，所能创造的价值就越大。

基于产品本身的趣味化设计，常见的有签到（打卡）、头衔、等级、勋章、排名等。签到（打卡）是为了让用户形成使用习惯。头衔、勋章、等级、排名都是建立了一种表彰机制，满足了用户的成就感。还有一些互联网教育产品，其核心功能就是基于趣味化设计的，如游戏化学习的一起作业网。如图 15-6 所示。

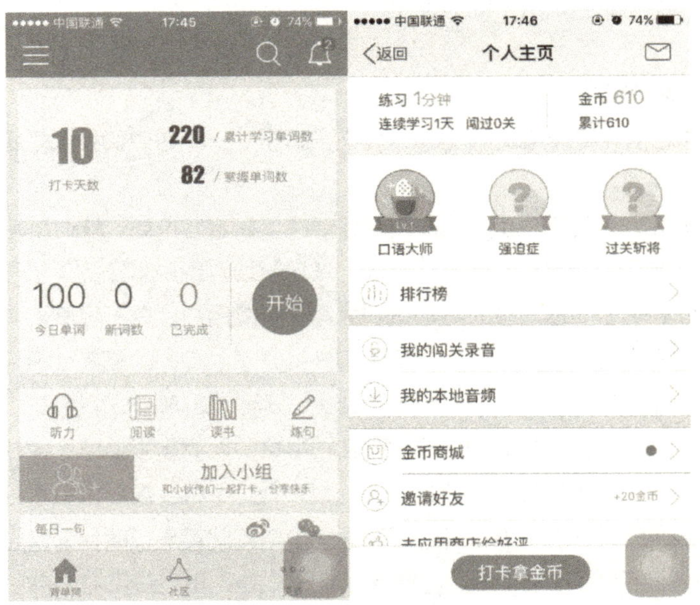

▲ 图 15-6 使用户活跃起来的产品设计示例

有一些互联网教育产品设置了分享学习成就获得积分的功能，一方面满足了用户的成就感，另一方面相当于让用户自愿在为产品做推广。还有一些互联网教育产品设置了邀请好友获得虚拟币奖励的方式，虚拟币可以用来购买课程。这种方式一方面给予用户回报，另一方面也是一种很高效的推广方式。

15.3.5 从免费用户到付费用户

目前，市场上的互联网教育产品，有的采取基础功能（服务）免费，高级功能或增值服务收费的模式在发展用户，有的干脆就是以直接免费的方式在发展用户。

如今的互联网企业都在遵循“用户为王”“用户就是财富”的理论，先发展用户规模，后期再从用户身上挖掘价值，这类产品在此不论。而对于那些有免费用户和付费用户的产品，如何将免费的用户转化为付费用户一直是个难题。转化的方式有多种，可以通过免费体验、虚拟币的奖励与充值等。

1. 免费体验

这种方式在课程类产品使用得比较多。例如，邢帅教育的平台上有很多专业课程，会先让用户试听一段免费课程。这段免费的课程一般都是一些技能的应用，而且讲得很快，基础薄弱或者零基础的学生基本上难以很快掌握，让学生产生一种老师的水平非常高，想要赶紧去学习的感觉。免费课程的背后，老师就会推出自己的 VIP 基础培训课程，说明课程的内容和相关费用，以及非常多的增值服务，吸引一些基础薄弱且有紧急需求的学生前去报名。这种方式在腾讯课堂、百度传课、网易云课堂上，也普遍被入驻的教育培训机构使用。

2. 虚拟币的奖励与充值

这种方式多被用于一些答疑类教育产品，新注册的用户可以获得少量的虚拟币，用户可以通过签到、邀请好友、回答问题等方式赚取虚拟币。同时，用户使用该产品发布问题和寻求帮助时就需要悬赏一定的虚拟币。对于学习成绩好的学生用户来说，仅靠自己赚取的虚拟币就可以满足自己提问的需求；而对于学习成绩差的学生，过多的问答需求将会导致虚拟币不足，届时就需要进行充值，花费真实的钱币，这样免费的用户就自然而然地过渡到了付费用户。

第五部分 行业案例

三人行必有我师焉

第 16 章

产品推广十五式

行走江湖要么一招吃遍天下，要么十八般武艺样样精通。而网络江湖险恶，能人辈出，只有遍学各家武学，才能让自己立于不败之地。这里简要介绍产品推广十五式，总有一式让你的产品脱颖而出。

16.1 搜索引擎竞价

据百度公开的信息透漏，教育和医疗一直是百度搜索的两大收入来源。百度搜索栏直接输入“教育”二字，搜索结果的前几条就是各类教育培训企业的竞价广告。搜索“英语”培训二字，首页几乎就被美联、韦博、新东方、VIPABC 等几个大型英语培训企业的竞价广告铺满。

在开始百度推广之前，需要申请百度推广企业账号。申请完毕后就可以开始账户搭建、选择关键词、撰写创意、广告上线、账户优化一系列的推广操作。相关操作和执行过程，企业的 SEM、SEO 人员想必都熟门熟路，想了解的人也可以购买由百度官方出版的《百度推广》一书进行学习，在此不再赘述。

需要注意的是，从 2015 年 10 月开始，百度搜索移动端的搜索流量已经超过了 PC，2015 年 12 份开始，其移动端的搜索收入已经超过了 PC。这就要求，如今利用百度进行搜索营销的工作人员需要转移视线，将更多的投入放到移动端的搜索推广上。移动端的搜索推广与 PC 类似，直接使用百度推广企业账号即可操作。

16.2 群营销

这里所说的群营销是指基于社交软件交流群的网络营销方式，大家比较常用的就是QQ群和微信群。QQ群起源早，现在在群搜索里搜索“英语学习”“IOS开发”“平面设计”等关键词都有一大堆的群。QQ 群开放性强，容易加入，是网络营销最基本的方式之一；而微信群的私密性比较强，更适用于熟人圈里的行业交流与合作。

QQ 群容易加入，也容易被踢出。比起在群里小心翼翼地发广告，单独与群成员私聊的方式更加行之有效。如果嫌一个个发效率慢，可以购买 QQ 群营销软件，可以一键向群里多个人同时发送私聊消息。只要消息被看到，有兴趣的人自然就会回复。

微信群营销，需要建立在广大的微信人际关系圈上。要么你自己建一个群拉人，要么被别人邀请加入。微信群的营销是一种软营销，需要与群成员广泛地交流，甚至成为朋友，交流畅快之余才能获得合作或者销售的机会。微信群营销的参与者更多的是企业高层，用于资源整合、渠道合作等。

16.3 微信营销

微信营销，主要有三方面，微信公众号、微信朋友圈、微信群。微信公众号为何被广大的企业营销者追求不用过多解释，经常使用微信的人微信里都关注着少则十几个，多则几百个微信公众号。另外，日常生活中我们每天刷着微信朋友圈，使用微信群与同行业的从业者们聊天。微信越来越成为更多人日常生活中不可或缺的一部分，这也就是目前企业营销者将很大精力放在微信营销上的最大原因。下面主要讲解一下微信朋友圈的营销技巧。

微信朋友圈营销，首先需要积累足够多的微信好友人际关系，其次朋友圈营销是基于信任的基础上的。

朋友圈营销的方式，被广大的微商一族使用。虽然很多人对微商的印象不佳，但他们的营销方式也是值得教育圈营销者们学习的。

微信好友的积累，一方面源于自己日常的交际，但更多地需要去通过各种场合、渠道去积累。朋友圈营销是产品的营销，更是个人形象的营销。首先需要向你的朋友展示你积极乐观的生活态度，让别人觉得你是一个靠谱的人。然后需要在朋友圈经常与朋友互动，拉近朋友间的关系，让别人对你感兴趣。

走完朋友圈关系建立三部曲后，营销的基础才开始达成。在朋友圈展示广告信息时，以简明概要为主，不过大肆吹嘘，如此才能被潜在的客户信任。发表广告信息的频率不宜过高，最多一天一次。朋友圈动态更多的是向你的朋友展示你的性格、爱好和生活，广告穿插的频率根据自己实际情况而定。

16.4 微博营销

微博作为一个面向社会大众开放的广播式的社交平台，自媒体属性和陌生人社交属性比较强。更多是用于企业品牌营销，产品推广和销售的作用性不强。目前，微博营销被一些大中企业使用，而在小微企业，微博营销的方式已经被弱化，甚至放弃使用，特别是在微信公众号诞生之后。

16.5 论坛营销

论坛营销是以网络帖子的方式进行。贴吧是一种开放式论坛，如百度贴吧。发帖人成为楼主，别人的回复称为盖楼。回复得越多，楼盖得越高，说明帖子越火，如此，无论是以品牌宣传或是产品销售为目的，网络营销的效果就达成了。

在教育产品上，大一点的教育公司拥有自己的产品论坛，论坛里用户间可以讨论产品的使用感受、遇到的问题等，论坛版主可以与用户及时互动，从而使用户的活跃度更高。也可以借助一些知名的论坛，如天涯论坛、新浪论坛、搜狐论坛、ZOL 论坛。还有百度贴吧里与教育相关的贴吧，如少儿教育吧、亲子教育吧、英语学习吧等。

16.6 电子邮件营销

电子邮件营销是建立在拥有大量电邮资源的基础上，而这类以陌生人姿态向他人发送广告邮件的方式，一方面可能被对方邮箱拦截，另一方面，收件者会感觉被打扰或者隐私被侵犯，对这类邮件产生厌恶而直接删除。因此，电子邮箱营销的方式效率很低，现在逐渐不被使用了。

16.7 网站广告投放

比起群营销、邮件营销、论坛营销，去那些每天拥有上百万甚至千万人浏览的网站投放广告效果更好，但高流量的广告自然需要支付一些广告费用。

在投放渠道上可以选择一个大型的门户类网站，如搜狐、新浪、网易、腾讯等。也可以选择一些比较知名的科技类媒体，如泡泡网、比特网、IT 之家等，还可以选择一些与教育紧密关联的专项网站，如中国教育装备网、中国教育信息网、中国教育在线等。

16.8 软文推荐

软文推荐，也就是软广。借助软文作者妙笔生花的文采，或者一些具有创意、能激发兴趣、能产生共鸣等特性的文章，在文章中自然、巧妙地插入广告，既达到了推广的效果，也不让读者产生违和感。因此，软文推广是被广泛使用的方式。

软文推广，一方面需要营销文案人才，另一方面需要找到合适的投放渠道。如果推广的范围是在本地，可以借助当地的知名报刊，如推广地点在武汉，就可以与《楚天都市报》《武汉晚报》合作，进行软文刊登。如果推广范围在全国，可以借助如《中国教育报》《中国教师报》等知名报刊进行软文推荐。一般这些报刊都有 PC 网络版，推广可以同时到达线上线下。

此外，可以选择在国内一些知名的网络教育或具有教育板块的互联网媒体上进行软文推送，如 36kr、E 之家、芥末堆、多知网、亿欧网等。

16.9 平台、商城、网校推荐

如果是课程类产品，可以借助一些平台、商城、网校进行合作推荐。如百度传课、网易云课堂、腾讯课堂、淘宝教育等平台上都可以进行精品课程推荐。

如果是学习 App，在 360 手机助手、百度手机助手、应用宝、豌豆荚等软件平台上，都有新品上架、精品推荐、分类排名等免费或者收费的推广渠道，这些工作就属于 App 运营的范畴了。

16.10 线上活动

除了投放一些网络营销广告外，线上活动也是网络营销的有效方式之一。根据企业的产品类型和营销目的，一般线上活动有促销活动和拉新活动。

16.10.1 促销活动

促销活动适用于收费产品，如智能学习硬件、在线课程等。促销活动一般选在法定节假日、企业周年庆等备受关注的日期。促销的方式有多种，打折、低价限时抢购、有买有送等都是常用的促销方式。

16.10.2 拉新活动

拉新是指吸纳新的用户注册。对于教育软件产品来说，拉新是一项核心工作。拉新的线上活动有注册送好礼、注册送优惠券、注册送学习币等活动。如果推广资源比较好，可以选择和一些大型互联网公司的高频应用合作，如滴滴代金券、糯米电影优惠券等。

比较经典的线上活动案例是，沪江网 2015 年双 12“学习趴”。学习趴分为“早鸟赚钱趴”“预定省钱趴”“手气比拼趴”三个分活动。早鸟赚钱趴，注册即送 66 元红包，签到赚取学币，分享至朋友圈还能赚取学币。这个活动一方面是为了拉新，另一方面也促活跃度。预定省钱趴，活动期间预订课程，学完后返利。这属于促销活动，可在短时间内大大提升沪江的课程销量。手气比拼趴，是针对预订过全年订单的 VIP 用户的 100% 中奖率的抽奖活动。这是一个针对老用户的回馈活动，使得老用户更加忠实，黏着性更强。

16.11 网络营销联盟

网络营销联盟，是由大型互联网企业引导组织，联合其他各领域互联网媒体组成的综合网络营销平台。国内知名的网络营销联盟有百度网盟、网易联盟、搜狗联盟、360 全景网盟。由于百度搜索引擎推广被普遍使用，配套的百度联盟也是最常用的网络营销联盟。

网络营销联盟提供多种付费模式，如 CPC（按点击付费）、CPA（按效果付费）、CPL（按登录付费）。比起搜索引擎的竞价付费模式，这些付费模式要相对实惠得多。网络营销联盟提供文字、图片、图文、魔方多种广告展现形式。营销者只需在相应的联盟申请推广账号，提供创意推广素材，即可上线投放。

16.12 线上即时问答

线上即时问答，这方面一般企业会开设多个端口与用户即时互动。

在 PC 端，进行百度推广的企业都会在官网设置百度商桥小贴窗。浏览者无需安装任何软件即可与企业客服进行互动。营销 QQ 也是很多企业使用在官网的互动窗口，和百度商桥一样，营销 QQ 客服也可设置多个，互相协作使得客服工作有条不紊进行。

在移动端，开设了微信公众号服务号的企业，可在服务号上设置多个客服与用户及时互动，当然前提是用户关注了该企业的服务号。

另外，在淘宝教育上开设课程的企业，可使用淘宝专用营销工具——阿里旺旺，及时与客户和用户互动，解决客户一系列的售前和售后问题。

16.13 文库、百科营销

文库、百科是很多企业使用的免费营销方式，目的是占据更多网络空间，提升企业品牌形象，增强企业公信力。

文库产品有很多，如百度文库、360 图书馆、豆丁网、道客巴巴。比较常用的是百度文库，企业可以上传企业公告、媒体报道、产品介绍等 Word、pdf、PPT 文件至百度文库，以免费或者收费的方式提供给其他人下载。

百科产品也不少，有百度百科、互动百科、搜狗百科、维基百科。比较常用的是百度百科，基于百度在搜索引擎上庞大的市场占有率，一个百科词条可以瞬间提升用户对企业的好感。百度词条可以由企业营销工作人员自己设置，按照词条类型对应的框架填写信息后，即可上线。

16.14 软件、App 内置广告

在移动端，可以与市场上被广泛使用的 App 进行广告合作。广告展现形式与网络联盟营销类似，有 banner 广告、启动屏广告、插屏广告等，收费的模式有 CPM（千次展现计费）、CPT（按时段计费）、CPC（按点击付费）等，具体计费方式可以去和这些 App 企业进行商议。

在当今，大众的网络目光越来越聚焦于移动端，广告的投放渠道也由 PC 端逐渐转移到了移动端。只要是有一定用户基数的 App，在该渠道投放广告的效果就立竿见影。

16.15 线上赛事

线上赛事是提升用户活跃度的用户运营方式，在赛事上提供社交分享的接口，就

可以达到吸引新用户的目的。

赛事的方式有很多，比如在线测评软件，可以举办一个答题比赛，比赛获胜者可以奖励学习币。比赛胜果可以分享到 QQ、微信，从而吸引其他学生注册参与。例如，做平面设计培训的可以举办优秀平面设计师评选大赛，主办企业出一个题目，设定比赛时间，学生报名参与。收取作品后，评选出最好的作品，给予一定奖励。如此，可以大大提升用户的活跃度，也从侧面进行了品牌传播。

第 17 章

开源网校平台 EduSoho 的成长之路

诞生总是喜悦的，而成长的过程却时常伴随苦楚。一个人成长的过程如此，一家企业亦如是。EduSoho 是目前业内颇负盛名的技术品牌，为多家在线教育企业打造了开源网校平台，用低成本为在线教育机构创造了巨大的价值。仅成立四年的 EduSoho 何以走到今天，成长路上又遭遇了哪些风险，在本章，作者带你一起了解 EduSoho 成长之路。

17.1 EduSoho 是什么

杭州阔知网络科技有限公司成立于 2012 年 5 月，是一家专注在线教育的互联网创业公司。公司旗下在线教育网站“好知网”创立于 2011 年 5 月，是中国领先的在线教育社区，在业内享有良好声誉。而公司在好知网的基础上持续开发，于 2013 年 10 月推出了开源网络课堂产品 EduSoho，帮助中小教育机构和个人搭建独立网校。如图 17-1 所示。

EduSoho

EduSoho是一套开源的建站系统，教育机构和个人可以使用这套系统建立一个有完整教学功能的网络课堂。EduSoho对非商业用途免授权费，同时我们也提供和EduSoho相关的定制设计和开发。

云服务

针对EduSoho用户，我们提供云主机和云视频功能，用最小的技术和资金成本搭建网站。

好知网

好知网是一个知识分享社区，用户可以社区里分享课程、知识和讨论。

▲ 图 17-1　阔知公司网络产品结构

17.2 EduSoho 的发展历程

从 2011 年仅有 3 人的小团队，而后 2013 年增加到 10 人，2015 年年底团队规模已经超过 100 人。

最初，EduSoho 的第一个产品是开设“好知网”。顾名思义，就是面对喜好学习知识者的网站，是中国四大知识分享社区之一。好知网是以课程和社区为核心的一个 C2C 的在线学习平台，它的初衷是解决教师在教学过程中重复劳动的问题。如图 17-2 所示。

▲ 图 17-2　好知网页面展示

好知网联合创始人魏建强，作为一家大型网站的技术总监，业余时间常被企业邀请进行员工的技术培训。在这个过程中，他发现每次培训讲解的内容总是大同小异，因而就诞生了用互联网技术改善这种重复性劳动的想法。好知网即承载了这个想法。

好知网刚创立之初，只在朋友和熟人之间流传。三两好友兴致勃勃地在上面分享各自擅长或感兴趣的知识，正巧碰上当时正火爆的国外大学公开课，汇成了好知网上的第一批课程。但是由于团队不擅长互联网运营和推广，在将近一年的时间内，好知网可以说一直默默无闻，每天访问量仅在数百。

经过一年的探索，好知网的课程逐渐积累，形成了兴趣、生活、职业、文化、软件、公开课等九大分类。到 2012 年年初，好知网总课程数接近千门。同时，由于内容的积累和 SEO 效果的逐渐显现，好知网开始被越来越多人认识，访问人数从数百涨到数千。而到了 2013 年年底的时候，已增长至每天近两万 UV，百度的权重值和谷歌 PR 值也分别达到 5，远超同类网站。

面对着这逐渐增长的流量，好知网团队遇到了一个严峻的问题——如何营利？在线教育作为一个新兴的事物，尽管参与免费学习的人不在少数，但是如何营利却是一个大难题。添加广告？不符合网站创立初衷；课程收费？规模还跟不上，很容易流失客户。面对团队存亡的压力，好知网团队选择了一边做技术外包，养活团队，一边继续维持好知网运营，探索更好的营利模式。

此时，好知网被很多业内人士了解，有一些同样想做在线教育的人询问，好知网是否出售？虽然不会出售好知网，这也让魏建强产生了一个新想法，“既然这么多人有需求，那么是不是可以开发一套网校系统出售给他们？”随后，在 2013 年 10 月，好知网团队就推出了“EduSoho 开源网络课堂”，短短两年，已经吸引了近 2 万家教育机构和企业使用。

但是好知网本身，在很长的时间内，还是维持着不温不火的状态。究竟什么是在线教育的本质？什么样的在线教育才能被用户接受？这是好知网团队一直在思考的问题。幸运的是，由于 EduSoho 和好知网越来越受人关注，团队获得了很多来自学员、老师和教育机构的想法和反馈。至此，他们发现当前的在线教育其实缺失一项非常关键的东西——服务。

教育不仅仅是一种知识的传递，更是教师和学生之间的一种交流和互动。而视频学习的模式仅仅解决了知识传递问题，却没法解决师生互动的问题。2015 年 7 月，好知网迎来了几年来最大的一次改版。改版后，他们迅速推出了班级学习的模式。不同于单纯的购买讲课视频，然后单一听课的课程模式，每个班级都配有不同的增值服务项目。课程模式下的学习，关注更多的是课程内容本身，且更加强调人们围绕某个主题一起进行学习的氛围，一群志同道合的人在这里讨论问题、展示自我，还可以组织发起活动、参与活动。

在好知网上，推出了第一个摄影体验班。除具备主体的 30 个课时外，还设置了三期实拍作业点评，两次讲课老师与学员的直播互动课，24 小时答疑、班级活动及班级 QQ 群实时交流等内容。

从学习的系统性及效果保障来看，班级模式确实有它的优势。但好知平台上除了班级学员，还有更多的是免费用户。如何才能让这批免费用户愿意走进班级来了解和体验呢？为解决这个问题，好知网开始了它们的第二步部署——直播公开课。主要出于以下几个原因。

第一，公开课是一种优秀的高质量内容的生产方式；

第二，公开课对于提升用户活跃度，培养用户习惯，占领用户时间拥有很不错的优势；

第三，公开课开放性强，可以成为 UGC 内容的展现平台，也可以配合其他很多运营活动；

第四，公开课若设计得当，对于付费转化也大有裨益；

第五，公开课的复制成本相对较低，一个领域的内容做成功之后，其他领域的在线教育可以迅速复制；

第六，公开课也可以成为一种流量变现方式（如 tob 收费）。

基于以上几点，在经过几次班级范围的直播课尝试后，好知网便开启了全站范围内的免费公开课征程。对于此后的运营路线，好知网也还在摸索和尝试中。

据了解，EduSoho 网络课堂是一个开源产品，之所以要开源，有几个方面的原因。首先强调一个观念，开源不是免费。而开源的意义在于：一方面会有成千上万的开发者参与到开源产品的更新迭代中来，为使用 EduSoho 网络课堂的用户迭代出更优质的产品；另一方面，教育是无法标准化的，每一个教育细分行业根据教学的内容不同需要不同的功能去支撑在线教学，开源有助于用户有针对性地进行后续开发；此外，开源产品能极大地降低教育垂直领域的准入门槛，让希望打造专属在线教育品牌的机构大大地降低了技术成本。如图 17-3 所示。

技术开源在网校系统这个领域本是具有独创性的。在开源这个前提下，EduSoho 的团队中 2/3 是技术人员，其中不乏国内顶级的架构师。所以，在产品创新方面，EduSoho 是秉承着工匠精神来打磨和完善 EduSoho 的产品。另一方面，技术只是竞争力的一部分。对于在线教育这个行业内的公司来说，对在线教育的理解远比技术重要，只有真正懂在线教育才能做出最适合在线教育的产品。

EduSoho 开源网络课堂，目前拥有通用版、K-12 版、高校版、企业内训版，主要用于帮助学校和教育机构搭建专属网校。如今，已有数万家教育机构、学校以及一线教师使用 Edusoho 搭建网校，这些用户遍布世界各地、各个教育细分领域。

▲ 图 17-3　EduSoho 开源网络课堂产品页展示

此外，杭州阔知网络科技有限公司还建立了国内第一个在线教育专属的教育云解决方案——EduSoho“教育云”。EduSoho 教育云是根据在线教育特性推出的云计算服务，包括云主机、云视频、云直播、云短信等系列教育相关云服务，为在线教育机构提供优质的基础技术支持，能降低传统硬件 90% 的成本，对比使用其他云能节省 50% 以上的维护等开支费用，让教育机构专注教育。如图 17-4 所示。

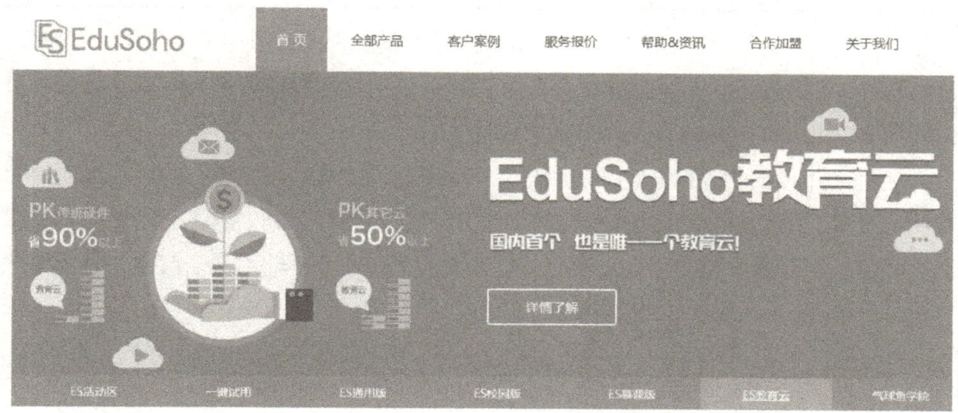

▲ 图 17-4　EduSoho 教育云产品

17.3　EduSoho 的运营模式

EduSoho 是 B2B2C 模式，主要盈利点是 EduSoho 网校系统、EduSoho 教育云和技术服务组成的一站式解决方案。主要的服务对象是教育行业中想要做在线教育的机构、学校、个人。依托“技术改变教育，教育改变世界的理念”，EduSoho 为他们进入在线教育提供一站式解决方案，让“互联网 + 教育”的技术门槛和技术成本极大地降低，从而让更多的教育工作者能便捷地通过互联网实施在线教学，惠及更多渴望学习知识的人。

从性质上看，杭州阔知网络是科技有限公司技术服务型企业，短期盈利点主要是解决方案，长期的盈利点是围绕在线教育上下游所需的一站式服务。

EduSoho 在 2014 年年初就实现了盈利。EduSoho 最主要的投入成本是技术。在 2014 年，EduSoho 拿到一笔 500 万元人民币的 Pre-A 轮投资。由于并不希望经营策略被资本左右，A 轮融资一直未能谈妥。

可以说，EduSoho 开创至今，也走了不少弯路。从产品技术人员的角度来说，更看重的是产品本身的可用性、用户体验、用户需求。早期在市场运作方面缺失，投入少，纯靠口碑。推广手段上，EduSoho 一直让用户指导，跟合作伙伴做一些在线教育的探讨，比如气球鱼平台，做在线教育的峰会。同时，也会和一些教育机构合作。总体来说，推广策略匮乏。

如今在市场投入方面逐渐增大，除了一些常规的推广手段，还专门成立客户运营部门，帮助用户更好地运营网校平台。此外，还和百度开放云达成战略合作，投入 1 亿元云资源推进高校 MOOC 事业发展。

EduSoho 主要服务于 C 端的用户，但是内容方面目前主要以用户自发产生内容为主。后期将会系统性地对内容作规划，将更优质的内容提供给 C 端用户。同时，EduSoho 自己真正地去运营针对 C 端的网校，更好地把握在线教育的需求脉搏，反过来为 EduSoho 服务的 B 端用户提供更优质的产品。

除此之外，在运营的过程中，那些值得借鉴的运营思路与方法，也可以成为对 B 端用户分享的经验，帮助他们快速成长为独立的在线教育品牌。越了解用户在做的事情，就越能明白用户需要什么，难点、痛点在哪儿，也就越能给他们帮助。只有用户做得越来越好，EduSoho 才会更加有生命力。

第 18 章

沪江的艰苦创业之路

沪江是互联网教育领域的新贵，也是多家投资机构的宠儿。从毫不起眼的沪江语林到当前估值近百亿元的大型在线教育企业，沪江历经了整整 15 年的时间。15 年足以让一个人从牙牙学语到长大成人，也足以让一家企业走向成功。15 年间，沪江经历了多少汗水，又收获了多少喜悦，在本章，作者将带你去看沪江的艰苦创业之路。

18.1 公司简介

沪江创立于 2001 年，是专业的互联网学习平台，致力于为用户提供便捷、优质的全方位网络学习产品和服务。自成立以来，沪江打造了领先的学习资讯、学习社区、学习工具及学习平台四大业务体系，涵盖中小幼、语言、留学、职场、兴趣等丰富的内容。

自创立之后，历经 5 年公益化运营后，自 2006 年开始公司化运营，现已成为拥有 1000 多名全职员工、2000 名兼职员工，影响力辐射 2 亿学习者、超过 9000 万注册用户的大型互联网教育企业，处于行业领军地位。作为全国最大的互联网学习平台之一，沪江与 500 余家机构展开深度合作，合作教师数量超过 2000 人，累计公开课超过 2 万堂。

18.2 主营产品

18.2.1 学习社区

沪江社团：沪江旗下网络学习社区，主打口号“爱学习，同兴趣，在一起”，旨在汇聚拥有共同学习目标和兴趣爱好的学习者。

18.2.2 学习门户

沪江网：沪江旗下学习资讯门户，沪江网是多元化的学习站点，为亿万用户提供专业的互联网学习资讯。

18.2.3 学习平台

沪江网校：沪江旗下的海量优质课程平台，以自主开发的 OCS 3.0 课件系统为核心，提供全面的课程和教学服务。如图 18-1 所示。

▲ 图 18-1 沪江网校 App 功能界面

CC 课堂：沪江旗下开放的互动教育平台，通过多屏直播教学工具 CCTalk，为老师和机构提供便捷的教学方式，为学员带来轻松有趣的实时互动。

18.2.4 学习工具

沪江学习 App：沪江学习 App 是用户的移动学习伙伴，通过双语学习卡片、丰富的学习资讯，帮助用户在阅读语境中提高语言能力。如图 18-2 所示。

▲ 图 18-2 沪江学习 App 功能界面

CCTalk：CCTalk 是沪江旗下直播教学工具，通过多屏终端，为师生们提供实时互动的教学体验。如图 18-3 所示。

▲ 图 18-3 沪江 CCTalk App 功能界面

沪江开心词场：沪江开心词场是沪江旗下的背词练习工具，通过学习、测试、复习的游戏闯关模式，更添背词乐趣。如图 18-4 所示。

▲ 图 18-4　沪江开心词场 App 功能界面

沪江小 D 词典：沪江小 D 词典是沪江推出的多语种在线查词工具，覆盖英、日、法、韩、西、德多国语种，为用户提供随时随地查单词、学外语的学习方案。如图 18-5 所示。

▲ 图 18-5　沪江小 D 词典 App 功能界面

沪江听力酷：沪江听力酷是沪江开发的听力训练工具，将丰富的各语种听力素材分门别类，每日更新，适合想要提升外语听说能力的学习者。如图 18-6 所示。

▲ 图 18-6 沪江听力酷 App 功能界面

18.3 发展历程

从做社区到做电商，再转向网校，再到移动终端，沪江网 15 年来聚焦摸索在线教育，可以说既是先行者，也是行业翘楚。随着近两年在线教育创业和投资不断升温，沪江网已成为了解国内在线教育企业不可错过的样本。

2001 年，创始人兼 CEO 伏彩瑞创建了沪江的前身“沪江语林”。当时他尚在上海理工大学就读大学三年级。2006 年，超过 20 万用户的信任和肯定，让他选择坚守创业。从 8 个人 8 万元开始艰辛创业，到带领 1000 人携手齐心，直到成为今天的沪江。

沪江网至今仍自我定义为网络媒体。和很多网络媒体一样，他们最初也选择靠广告创收的路径。很长一段时间内，来自出版社、各类培训机构、语言学校等机构的广告成为沪江网的主要收入。“因为拥有大量的用户，最开始养活自己的做法，是靠广告吃饭，国内大多数的培训机构都是沪江的广告伙伴，所以更像一个网络媒体。”沪江网联合创始人于杰曾介绍。

为打破对广告的过度依赖，加之当时淘宝等电商迅猛发展，也因为看到网友对学习、学习资料和课程的需求关联度极高，沪江网开始在 2007 年开通沪江商城业务，承接 BBC、VOA 官方内容授权，成为卡西欧、好易通电子词典官方授权网络销售渠道，和新东方在线、中华会计网校成为合作伙伴，在线售卖他们的课程。

电商业务一度成为公司营收的主要来源，然而好景不长，2008 年金融危机之后，广告及电商业务急剧下滑，伏彩瑞坦言那是沪江最困难的时候，他一直在寻求下一个可以带来利润、更能持续发展扩大的新产品。基于百万级注册用户，沪江网开始谋求从公益化运营向收费模式转变。要知道，只要有人付费，公司就能赢利。2009 年沪江手机 WAP 上线，同时将沪江部落改变成 SNS 学习平台，沪江网校面市；2011 年推出移动端应用，2012 年推进平台增值服务……

从中可见，沪江的成长过程几乎吸取、借鉴了中国互联网产业发展至今的所有形式，从门户到博客到视频 UGC 到电商到团购到微博到移动，但他们始终围绕着社区及社区里学员的学习需求。

一切基于社区用户的需求、加上谨慎的作风，让沪江用户很快就成长到上百万，之后便是每年百万级成长。2009 年，沪江搬入张江高科技园区，彼时员工仅 70 余人。而今天，沪江网已成为拥有 1000 多名员工，超过 9000 万注册用户的大型互联网教育企业。2008 年金融危机导致就业形势萎靡，伏彩瑞又一次借助用户的学习劲头，寻找到了沪江网的前进方向，采用多媒体技术，突出教师的声音，并用 Flash 呈现条理清楚的课件，这一创新收到了大量用户的正面反馈。

沪江网专门聘请了 100 余位教师作为他们的全职员工，制作各类课程。沪江网是做语言学习起家，现在课程内容已经包括中小学课程、职业教育、早教和钢琴等兴趣课程，但语言学习仍然占到其 70% 左右的份额。

沪江网在运营产品过程中，试图通过在线教育的社交互动，在一定程度上打破“结果导向”这一教育行业铁律的同时，试图提升用户黏性。

除了培训课程价格低廉之外，沪江网的课件并不是一个简单的视频，其包含授课老师、班主任、助教老师、答疑老师、班长、文娱委员、学习委员和同桌这样的元素。丰富课程的背后是在沪江近 2000 人的兼职团队，其中包括了大学老师、英语成绩优异的大学生以及深度网友用户等。他们兼职的角色也包括老师、助教、班主任等。这也让沪江网有能力在短期内将语言培训课程拓展到更多的细分领域。如今，除了英语、日语和韩语外，沪江网还覆盖到了其他十多种语言，共 200 多种课程。

沪江网试图利用技术挖掘已经积累的数据来发现更多的需求，提高用户的体验。满足用户的需求之后，又会吸引更多用户注册，如此反复，形成闭环。

2014 年 6 月，沪江网的首家体验店在上海地铁 2 号线的金科路站开张，而后，体验店陆续开设。虽然无法具体估量体验店能够为沪江带来多大的用户转化量，但沪江网希望线上与线下的结合、推广在线教育的理念、节省广告投放成本的意图显而易见。

除了线下体验店这一新招之外，沪江网在移动端的发力也带来了意想不到的突破。沪江网 2012 年起在 iOS、Android 以及 WP 8 三个平台上，一共推出了不重叠的 App 约 80 款，共产生了近 5000 万移动用户。

同时，内容的支持也十分重要，正如之前介绍的那样，沪江没有选择自己包干，而是选择了尽可能扩展资源，多方合作，这可以看作是抢占网络学习入口的核心，也可以算是一条捷径。选择跨界合作，放手将自己不擅长的事情给别人做，不免是个正确的抉择。

18.4 运营模式

从沪江的发展历程来看，其遵循的模式是抢占网络学习入口，其本质就是形成规模化的用户和合作平台的建设。近年来，沪江大力扶持互联网教育创业团队，积极打造在线教育生态圈，实现产业共赢。同时，与传统学校合作探索，缩小教育差距，推进教育公平。

沪江大事记如图 18-7 所示。

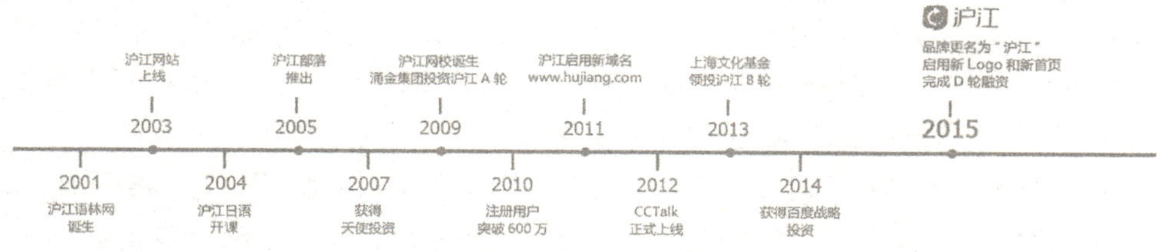

▲ 图 18-7 沪江大事记

2001 年，沪江语林网诞生；

2003 年，沪江网站上线；

2004 年，沪江日语开课；

2005 年，沪江部落推出；

2007 年，沪江获得天使轮投资；

2009 年，沪江网校诞生，涌金集团投资沪江 A 轮；

2010 年，注册用户突破 600 万；

2011 年，沪江启动新域名；

2012 年，CCTalk 正式上线；

2013 年，上海文化基金领投沪江 B 轮；

2014 年，获得百度战略投资约 1 亿美元；

2015 年 4 月，品牌更名为“沪江”，启用新 Logo；

2015 年 10 月，沪江完成 D 轮超 10 亿元人民币融资。

2001-2009 年，沪江从最初的 8 万元起家，先后以广告收入、企业赞助的方式摸爬滚打，直到摸索出一套特有的盈利模式。沪江产品中，既有通过社群功能实现的 C2C，也有通过独自研发或外部采购而来的 B2C 和 B2B2C，形成完整的产业链。具体而言，由 BBS 起家的沪江网上不仅有用户，也有大量内容生产者。

从最初的英语到现在的 10 多个语种，沪江网为用户提供多种学习产品，包括语言学习包、语言学习卡、语言学习书本等软硬件产品，并提供付费的 VIP 服务，为用户提供从学习计划制订到学习结果检测一整套一对一服务。此外，沪江为企业客户提供打包产品，按照企业需求定制语言学习产品。

据了解，目前沪江 80% 左右的收入来源是网校和电商业务，另外 20% 来自广告。值得一提的是，虽然收费产品与服务在沪江业务体系中只占很小比例，但由于用户基数庞大，足以给沪江带来稳定的收入。根据沪江提供的数据，2014 年“双 12”，沪江单日营收超过 650 万元人民币，这一纪录在互联网教育产品领域至今无人打破。

目前，沪江正向“微课”方向发力，以适应其移动化战略。伏彩瑞表示，微课的最大意义是尽快地让更多的人快速体会互联网教育。“微课时间比较短，3 ～ 5 分钟以内，个头也比较小。所以不管是易于接受性、传播性，还是内容的紧凑性，都能够让很多的人接受，而且也降低了体验和使用互联网教育的门槛。沪江在这个领域里会尝试各种方法，最后通过数据的方式，越多越好。”

2015 年 4 月，沪江网正式更名为“沪江”，推出了以绿色为主色调的“刷新符号”作为品牌全新 Logo，也将沪江官网同步升级。在新首页上，头图采用真实用户在沪江的学习故事，以学员的亲身经历，传达“学习，成为更好的自己”的品牌理念。

作为一家有 15 年历史的互联网教育企业，沪江进行了品牌升级，并对业务体系进行梳理，最终确定了“平台化”和“移动化”两大战略方向。沪江目前已完成股改工作，并做好了在国内上市的充分准备。沪江事业的社会意义和商业价值均得到了业界认可，沪江领导层认为上市能使沪江在公司治理、资本运作、人才引进等方面收获更多的机会。而在员工激励方面，沪江于 2016 年年初推出“梦想合伙人计划 "，鼓励员工参与公司发展，做自己事业的主人。

第 19 章

邢帅教育如何做职业教育

邢帅大学辍学后以自己的爱好为生，开始在外面接单子做设计，后来干脆通过 QQ 群教人学起了 Photoshop。2012 年，邢帅正式以自己的名字创办了邢帅网络教育学院。目前邢帅教育不只教 PS 等平面设计课程，还有游戏动画设计、建筑设计、工业设计、机械设计、程序设计、网站 / 应用开发等多种职业教育课程，市场估值 2 亿美元。业界皆称邢帅为教育界草根逆袭的典范，在本章，将带你看看邢帅教育是如何做职业教育的。

19.1 公司简介及主营产品

邢帅教育由学院院长邢帅、副院长郭洪仓创办，始建于 2008 年年底。学院以教师在线直播讲课为主，辅之以录制视频教学，深入浅出，循序渐进，坚持“先学后教，以学定教、教学合一”的教学模式。经过 7 年时间的沉淀，学院已形成了一个开设科目达几十种、辅导老师和员工团队近 600 人的完整体系。

邢帅学院自建院之初就本着以学员为本、授课为主的理念，致力于发展和改革教育事业。邢帅教育从视频教程入手，精品课程很多，它涵盖了平面设计、室内设计、建筑设计、游戏动画、影视包装、机械设计、工业设计、网页编程等多个门类的课程。邢帅教育的所有课程均在邢帅教育官网及邢帅教育 App 上讲授。如图 19-1 所示。

▲ 图 19-1 邢帅教育官网首页

19.1.1 平面设计

邢帅教育平面设计课程包括 PS、CorelDRAW、Illustrator、Indesign、印刷工艺等。

19.1.2 室内设计・建筑设计

邢帅教育室内设计课程包括 3DMAX、AUTOCAD、设计理论等；邢帅教育建筑设计课程有 3DMAX、SketchUp、天正建筑等。

19.1.3 游戏动画・影视包装

邢帅教育游戏动画课程涵盖的领域有 3DMAX、Zbrush、Maya、RealFlow、Nuke、Easypaint Tool、SAI 等。邢帅教育影视包装课程主要有 CINEMA 4D、

After Effects、Premiere、EDIUS、Audition、编剧等。

19.1.4 机械设计 · 工业设计

邢帅教育机械设计课程主要聚焦于 AutoCAD、Proe 两大领域；邢帅教育工业设计课程包括 UG、Rhino、Cinema4D 等。

19.1.5 网页编程

邢帅教育网页编程课程包括 Flash、Dreamweaver、PHP、C++、AS3、HTML、CMS、Java 等。

19.2 发展历程

2008 年，邢帅教育创始人邢帅大学辍学，专心学习 PS 技术，不久，他开 QQ 群讲授 PS 技术；

2009 年，邢帅网络学院创办于云南大理；

2010 年，邢帅网络学院的课程已涵盖了商学院、Office 等；

2012 年，邢帅网络教育学院正式注册；

2013 年 7 月，邢帅教育获多玩 YY 天使轮 1500 万元融资，总部从云南大理搬迁至广州，并成立广州邢帅教育科技有限公司；

2014 年 4 月，邢帅教育推出精品公开课，包括平面设计、三维建筑和动画、电子商务、摄影等技术技能型课程；

2014 年 8 月，邢帅社区 Android 版 App 正式发布；

2014 年 10 月，获君联资本、北极光创投 A 轮 3000 万美元融资；

2014 年 11 月，邢帅社区 IOS 版 App 正式发布；

2016 年 4 月，邢帅教育获得由国泰君安、中移动、中民投、华盖资本参与投资的 3 亿元人民币 B 轮融资。如图 19-2 所示。

▲ 图 19-2 邢帅教育发展历程

“邢帅教育”起源于创始人邢帅于 2008 年大学辍学，进修 PS 技术，并依靠在 QQ 群教 Photoshop 软件。之后转战 YY 教育 7621 频道授课，当时仍是一家十足的“作坊式”线上培训机构。“邢帅教育”第一批真正意义上的付费学员，大约只有100人。2010年，“邢帅教育”的营业额只有100万元，之后很快发展到千万元规模。在很长一段时间内，这家偏安云南一隅的“小作坊”已经有了近亿元的现金流。

2012年，邢帅的网络教育学院的教师体系已经相当完整，包括教师126人，学员辅导近500人。学院主要开设平面设计、网页制作、影视后期、三维建筑、三维动画、电子商务等课程，拥有自己的YY网络平台，正全力打造一个大型网络课堂。

2013年7月，邢帅教育获得A轮1500万元融资后，将公司总部从云南大理搬迁至广州市天河区，并成立了广州邢帅教育科技有限公司。

2014年，邢帅教育推出了移动应用，让学员畅享移动学习乐趣。对邢帅教育来说，这是一个新起点，更是一个新契机。这一年，此前很少抛头露面的邢帅偶尔会出现在中欧商学院、福布斯、IDG等机构的商务交流活动中。写商业计划书、搭建VIE架构、引进美元基金、注册商标、规范财务、关注IPO等，邢帅开始积极向互联网正规军靠拢。

而后，“邢帅教育”进行了大刀阔斧的改革，开始进行产品标准化和运营标准化的运作，并自主研发了多套IT系统。并研发了一套教务系统，具备随时监控老师是否在线上课、考察出勤率等功能。老师的缺勤率超过一定比例，会被强制“下课”。针对学员，他们花费一年时间研发了一套学习中心系统，能够跟踪其学习情况。7年的时间，邢帅学院的付费学员从百人增长到20万人，营业额从两三万元狂飙至上亿元。学院发展至今一共解决了约10000人的就业问题，网络就业6500人，现实就业3500人，极大地解决了学员就业难的问题。

2016年4月，邢帅教育正式对外宣布，该公司已获得由国泰君安、中移动、中民投、华盖资本参与投资的3亿元人民币B轮融资。本轮融资后，该公司将于5月起，陆续实施亿元技能扶贫计划、全国分校扩展计划及教育领域VR技术研发与应用规划。

19.3 运营模式

一间出租屋、一台计算机，邢帅开始了他的在线教育事业。邢帅建立起QQ群将学员聚合到一起，在群里教授Photoshop，他每天录制好教学视频发给学员，并在群里进行交流答疑。邢帅把学员带到QQ群里，以录播的形式，但实时的交流答疑比起其他教育机构更具备优势。

然而，一个QQ群只能同时容纳200人在线，这制约了学员规模的扩大，并且多人同时在线语音的音质也不稳定。每天依靠不停打字跟学员交流，教学效率非常低。邢帅选择了转移教学阵地，迁居 YY 语音频道，形成沿用至今的 YY+QQ 群相结合的运营模式。2009 年，邢帅有了自己的第一个合伙人，并组建了 14 人的团队，成立以他自己名字命名的邢帅网络学院。

不同于语言培训和 K12 辅导领域，职业技术培训成果立竿见影：结束课程后，学员学得一技之长，可以直接找到工作或者提升技能涨薪水，很快给自己的工作和生活带来好处。例如学习 CAD 培训，学员学成后直接可以做室内设计；学电商课程的，可以开淘宝店；学 AI，马上就可以找到一份广告公司的工作。每一个技能都对应一份价值，学完后马上可以产生价值。这样的纯技术学习，对心理力量的依赖是很少的。

在组织架构上，邢帅网络学院也逐渐形成了自己的一套管理和组织模式。2010 年，邢帅团队决定以 QQ 群为单位建立班级，这个班级的最高管理者就是班主任。班主任会将免费视频教程传到网上，供网友学习。而在视频中会显示邢帅学院的某个 QQ 群号，网友加入 QQ 群后就相当于来到学院中的一个班级。班级内分为试学学员和正式学员。试学学员可以在每天的固定时间进入网络课室学习，但是教程一般只有 3 节左右。而正式学员需要缴费报名，报名后就可以享受终身学习服务，学习的课程会永久更新并可下载。班主任负责管理和帮助学员，同时将 QQ 群里有意愿进行更深入学习的用户带到 YY 平台进行付费学习。如今，邢帅学院拥有 3000 多个 QQ 群。

邢帅学院的讲师团队与营销团队分开运作。除了外部招聘以外，邢帅教育也从内部渠道培养讲师——将达到技能要求的学员或辅导员转为讲师。讲师负责把课讲好，以教学质量决定报酬高低。邢帅教育已有上千名员工，包括 800 名网络辅导员（即班主任）、200 名老师、150 人的技术团队。

2010 年，邢帅网络学院的科目扩展出几个品类，增加了商学院、Office 等课程，不再是只有设计软件培训；2012 年，邢帅网络教育学院正式注册，摆脱以往讲师各自在家对着计算机授课的小作坊模式，开始实体办公运作。

邢帅网络学院的课程收费普遍在数百到数千元不等。这个收费标准在行业中不算低。尽管如此，邢帅教育的付费用户从 2012 年的 3 万增长到至今逾 20 万人，其中以 85 后、90 后居多。学院也开始加大校园代理的推广力度，在大学生人数不断攀升、就业环境不容乐观的大环境下，针对急需就业的大学生群体提供职业培训。

邢帅教育现今有十多个科目，最受欢迎的是英语、音乐、工业设计、程序开发等课程，占学院收入的 50% 左右。如图 19-3 所示。

▲ 图 19-3 邢帅教育课程示例

2014 年 4 月，邢帅教育推出精品公开课，包括平面设计、三维建筑和动画、电子商务、摄影等技术技能型课程。精品公开课采用高分辨率，加入字幕、弹幕功能，从前期课程内容准备、化妆、拍摄、录音、剪接、后期，有 40 人的团队，每一个环节都精心思量。

如今的邢帅教育兼做录播和直播（见图 19-4），分成两条产品线进行。直播偏向互动性强的课堂，录播用来做复习使用。除了精品公开课，邢帅教育还推出了移动客户端（见图 19-5）。

▲ 图 19-4 邢帅教育直播平台

邢帅教育的核心用户群是一直努力改变人生境况的底层人士。从开始创立到今天，用户群逐渐扩大，营销额高居不下。邢帅教育的事业，不仅获得了广泛的社会认可，也得到了政府的大力支持。现在，它已是国家信息化计算机教育认证（简称 CEAC，由我国信息产业部和中国电子商务协会共同批准设立）的“国家信息化人才培养与职业技能鉴定示范单位”之一。

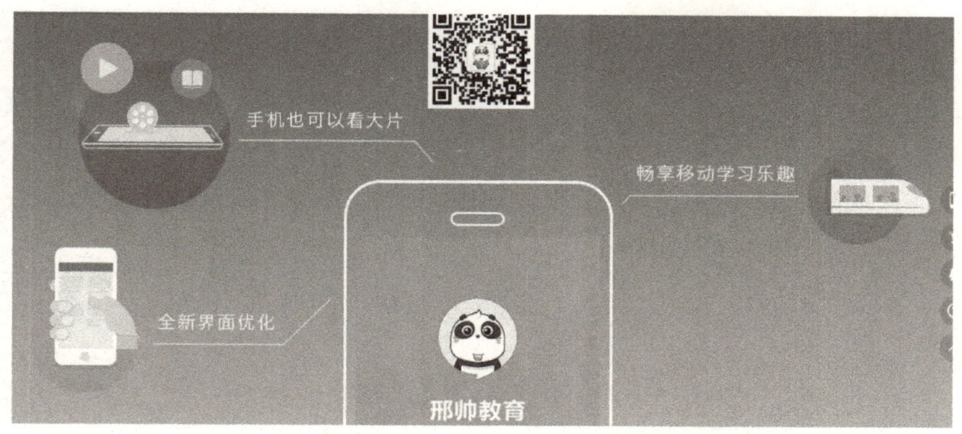

▲ 图 19-5 邢帅教育 App 功能界面

一直以来，邢帅教育专注于技能培训，聚焦急需掌握新技能以改善生存状态的群体（以打工一族为主要群体），为提升他们的生活质量给予平台支撑。把普通人打造成这个社会上的牛人，对邢帅来说是更加伟大的事情。邢帅教育正在这条路上奔跑着。